Vassiliki-Piyi CHRISTOPOULOU

PHILOSOPHIE PENALE, DROIT ET PSYCHANALYSE

Collection : Humanitas

Dirigée par : Stamatios Tzitzis

Buenos Books International
http://www.buenosbooks.fr

ISBN : 978-2-915495-78-2
ISSN : 2110-9958
1ère édition :
Editions Buenos Books International, Paris
http://www.buenosbooks.fr
buenosbooks@free.fr

Dépôt légal : quatrième trimestre 2010

TABLE DES MATIÈRES

PREFACE

Parler de Droit et Psychanalyse peut sembler d'emblée un choix théorique et méthodologique audacieux, voire, incongru. Malgré quelques articles et travaux consacrés à ce sujet, malgré des pratiques qui, nécessairement, se côtoient, cette association n'a pas attiré suffisamment l'attention des juristes ou des philosophes du droit pénal et pour cause. Peut-on en effet rapprocher la logique normative et technique du droit à celle, « subversive » et si particulière, de l'inconscient ? Parler de Droit et Psychanalyse, est-ce légitime ? Ne s'agirait-il pas plutôt de parler de justice au sens large que de droit *stricto sensu* ? Au fur et à mesure de mes longs échanges avec Madame Vassiliki-Piyi Christopoulou, plusieurs de mes interrogations initiales ont été éclaircies et ses arguments m'ont amené progressivement non seulement à adhérer pleinement à son projet, mais également à contribuer à sa concrétisation, par le biais de la publication qui voit le jour aujourd'hui. Comme elle le dit constamment elle-même, dans un souci de rigueur conceptuelle, tout en faisant preuve d'une souplesse, d'une aménité et d'un grand respect envers tous ses interlocuteurs, cet ouvrage est « le fruit d'une rencontre » ; rencontre entre des personnes et les disciplines qu'elles représentent, entre des équipes de recherche mais aussi entre des préoccupations théoriques et professionnelles plus personnelles, actuelles et futures. Madame Vassiliki-Piyi Christopoulou avance toujours avec prudence et circonspection à l'égard de ce qui ne se réduit pas à quelques formules lapidaires. Forte d'une interdisciplinarité, qu'elle prend soin de définir à nouveau dans cet ouvrage, en parlant d' « interactions », elle préconise sa propre approche d'un auteur classique comme Freud, tour à tour idolâtré et banni en bloc, comme une occasion de continuer à s'inspirer de son œuvre, en toute liberté, « sans pour autant adhérer à quelque philosophie ou vision du monde psychanalytique comme c'était le cas il y a trente ans ».[1]

A travers l'ouvrage de Madame Christopoulou, la découverte d'un Freud « juriste », l'emprunt du modèle juridique, voire judiciaire, pour « penser » l'appareil psychique, la rencontre de la psychanalyse avec le droit et par extension avec la criminologie, les sciences politiques et l'Histoire, ouvrent pour nous des pistes de réflexion insoupçonnées.

Les rapports plus particulièrement entre «politique et psyché»[2], l'éternelle question de l'objectivité ou de la validité des constructions des historiens, en relation avec les dysfonctionnements de la mémoire individuelle et collective, tous ces

---

[1] Cf. l'ouvrage auquel elle se réfère elle-même: Yvon BRES, *Freud…en liberté*, Paris, Ellipses, 2006, p. 8.

[2] L'expression est de V.-P Christopoulou qui reprend dans sa table des matières le titre d'un chapitre de l'ouvrage célèbre de l'historien Carl E. SCHORSKE, (1961) *Vienne, Fin-de-siècle*, Paris, Le Seuil, 1983 : « politique et psyché : Schnitzler et Hofmannsthal », p. 21-37.

débats ont été abordés en lien avec la question de la fiabilité du témoignage, ainsi qu'avec l'existence d'un fond opaque, impénétrable en nous, ce que la psychanalyse appelle l' « inquiétante étrangeté»[3], qui nécessairement dérange ou résiste à nos interprétations. Qu'elle soit celle de l'inconscient ou de l'Histoire et de l'inconscient forcément dans l'Histoire, elle fait appel à cette « bonne subjectivité » dont parle Paul Ricoeur,[4] le philosophe avec qui Mme Christopoulou dialogue en permanence. « Bonne » subjectivité, car indispensable au chercheur, en tant que terreau où se déploie son action critique, même empreint de motivations inconscientes ; « bonne » et souhaitable car en n'invalidant en rien la fameuse « objectivité » requise, elle lui confère au contraire un souffle vivifiant et une authenticité certaine. J'ai l'impression que la démarche de Mme Christopoulou s'insère complètement dans cette tradition où ses questionnements de chercheur rencontrent constamment ceux des auteurs qu'elle étudie et ceux des professionnels qu'elle interroge. Je la cite :

« La réflexion en jeu, aux intersections et au carrefour de plusieurs disciplines, n'adopte ni le positionnement du juriste, ni celui des professionnels du monde pénitentiaire, dont je ne fais pas partie, mais intègre leur contribution et leurs préoccupations

[3] Sigmund FREUD, (1919h), *L'Inquiétante Étrangeté et autres essais*, Paris, Gallimard, 1985.

[4]Cf. Paul RICOEUR, *Histoire et Vérité*, Paris, Le Seuil, 1955, p. 23-30, ainsi que *La Mémoire, l'histoire, l'oubli*, Paris, Le Seuil, 2000.

telles que j'ai pu les percevoir pendant nos échanges. »

Enfin, au terme de son parcours, parcours historique et épistémologique, rejoignant les débats les plus brûlants et hypermédiatisés de notre actualité, elle met en exergue le rôle particulier de la philosophie pénale, appelée, selon elle, à jouer un rôle fédérateur dans ce dialogue entre droit et psychanalyse. Comme l'auteur l'exprime fort bien, « la philosophie pénale, avec son discours modérateur d'un débat aux prolongements théoriques importants, accompagne la réflexion psychanalytique ou des questions politiques et institutionnelles. » En rappelant le rôle unificateur de la discipline qui est la mienne, *au sein même du droit pénal,* elle invoque la philosophie pénale d'une façon pertinente, dans une perspective *extra muros*. La philosophie pénale, telle que je l'entends, porte en effet son regard vers les phénomènes, mais en tentant de les dépasser, pour remonter jusqu'aux ultimes principes (les *archai*) qui les ont engendrés. Je me demande donc si la prise en compte de l'inconscient, souvent négligé ou ignoré, ne pourrait pas faire partie de cette référence à une *arché* hypothétique. Telle la « chose en soi » de Kant, l'inconscient, inconnaissable par nature, devient accessible par la méthode psychanalytique, qui met en lumière ses mécanismes propres en parlant dans son vocabulaire technique non pas de « principe » ou d'une « *arché* » mais d' « originaire » ou d' « archaïque ». Cette connaissance serait nécessaire, afin de rendre compte de la complexité et de la profondeur de la philosophie pénale. Mais pour cela, il conviendrait que les professionnels ou les théoriciens des deux côtés se rencontrent, se côtoient et dialoguent en permanence.

Le propre de la philosophie pénale est de fonder ce qui fait que le crime *est* crime, ainsi que l'*étiologie* (le pourquoi) de la punition ; réalisant ainsi l'unité du fondement et de la finalité. Le point de vue psychanalytique apporte alors un éclairage particulier qui me semble indispensable, et qui repositionne les grands débats de la philosophie pénale en référence à la pensée freudienne et celle de ses successeurs au sein de l'histoire des idées.

La philosophie pénale aurait aussi son mot à dire sur l'articulation de l'individuel et du collectif, centrale dans les écrits freudiens, comme Madame Christopoulou le montre bien ; ce qui pourrait, dit-elle, « constituer la base, sur un plan théorique, d'une saine et forte articulation entre le judiciaire et le psycho-éducatif qui n'a pas été effectuée. »

Cette remarque, qui concerne la justice des mineurs, amène notre auteur à rappeler la double acception aristotélicienne du « châtiment », comme *timoria* et *kolasis* (la première profite à celui qui l'inflige tandis que la seconde à celui qui la reçoit)[5] pour illustrer cette unité et cette dialectique, constamment éludée aujourd'hui et que la philosophie pénale, surtout celle des Anciens, met particulièrement en exergue. Le retour de balancier

---

[5] Voir ARISTOTE, *Ethique à Nicomaque* III et V ainsi que la *Rhétorique*, 1.10.17, 1369b12-14.

qui secoue périodiquement la justice des mineurs par exemple (le choix du « tout éducatif » ou celui du « tout répressif ») n'est que la conséquence d'une unité brisée, et d'une dialectique naturelle ignorée. De même, la peine n'est pas le contraire de la réinsertion mais son fondement.

Au delà des polémiques stériles actuelles ou des effets de mode, la pensée critique et la responsabilité du chercheur exige cette mise en perspective et cette prise en compte des courants de pensée qui le sortent de ses certitudes et opèrent ce basculement fécond et salutaire qui le fait progresser. La vigilance particulière et la prudence dont Madame Christopoulou fait preuve, prudence toute empreinte d'audace, comme celle du fondateur de la psychanalyse, n'ont pu que recevoir mon admiration pour son travail et lui assurer mon appui et mon soutien constants.

Stamatios TZITZIS

Directeur de Recherche CNRS (UMR 7184)

Directeur Adjoint de l'Institut de Criminologie, Université Panthéon-Assas

Professeur associé à l'Université Laurentienne (Canada).

INTRODUCTION

Cet ouvrage est le fruit d'une rencontre. Rencontre entre disciplines aux objectifs et aux enjeux bien distincts, voire opposés ; rencontre aussi entre des personnes et des équipes de recherche qui ont décidé de mettre en commun leur vécu et leurs travaux respectifs. Cette expérience qui peut paraître ambitieuse, voire illusoire dans le cadre d'un travail aussi limité, ne constitue en fait que l'humble ébauche d'une collaboration à venir qui a été déjà amorcée pendant la journée du 5 juillet 2008 organisée à l'Institut de Criminologie de Paris.[6] Elle s'inscrit donc dans le cadre de mes travaux de recherche antérieurs dont elle assure la continuité et l'extension dans des domaines nouveaux, ancrés dans des réalités professionnelles et sociales complexes.[7] Ce cadre est celui des *interactions de la psychanalyse*, notion que je ne vais pas manquer de définir tout au long de mon travail, distincte de celle d'*interdisciplinarité*, de *transdisciplinarité* ou de

---

[6] Voir, Vassiliki-Piyi CHRISTOPOULOU, « Histoire des relations entre criminologie et psychanalyse », *Essais de philosophie pénale et de criminologie*, vol. 8, 2009, p. 159-166.

[7] Cf. ma thèse, *La vérité en Histoire et en Psychanalyse : convergences et divergences*, sous la direction de Mme Sophie de Mijolla-Mellor, soutenue le 10 déc. 2005 à l'Université Paris 7. Elle concerne les interactions de la psychanalyse avec les sciences historiques et tout particulièrement la notion de vérité chez les historiens et les psychanalystes.

pluridisciplinarité ; distincte surtout de celle de *psychanalyse appliquée*, mais qui en réalité l'inclut, comme les précédentes, tout en dépassant leurs limites intrinsèques. Il convient aussi de préciser d'emblée, que ces présupposés épistémologiques, placés d'habitude en introduction ou ne constituant le plus souvent que des remarques liminaires destinées à demeurer à la périphérie des développements principaux, seront considérés ici, comme faisant partie intégrante du corps même de cette étude, pour des raisons qui vont transparaître au fur et à mesure.

Mais pour donner d'emblée une métaphore de ce qui constitue un choix méthodologique majeur, je dirai que cette notion d'*interaction* entre des domaines aussi divers que la philosophie, le droit, la criminologie et la psychanalyse n'est qu'une façon de « jeter des ponts », afin de réunir ceux qui sont séparés par ce qu'ils considèrent un abîme souvent infranchissable.

Car depuis que les hommes édifient des ponts, les difficultés qu'ils ont toujours rencontrées consistent à lancer l'ouvrage par dessus un large cours d'eau ou une vallée. Comment le réaliser sans être obligé de construire des piliers trop hauts faisant obstacle à la navigation ? Cela n'est devenu possible que lorsqu'ils ont eu à leur disposition de longues poutres d'acier, capables de résister à d'énormes contraintes. La question a été presque résolue, mais les portées de plusieurs centaines de mètres n'étaient pas assez résistantes pour supporter la circulation moderne d'une berge à l'autre ; par conséquent, elles se déformaient. Mais l'issue de cette complication a été trouvée. Quand on ne pouvait pas soutenir le pont par le bas, il suffisait de le porter par le haut. On a simplement imaginé de le suspendre; en tendant entre deux piliers des câbles dits porteurs, supportant à leurs tours des haubans. Notre travail s'apparente à cette entreprise, souvent périlleuse, mais porteuse de beauté et d'un esprit d'unification et de conciliation.

Il faudrait aussi dire un mot sur l'emploi du « nous » qui constitue l'usage dans les publications savantes, scientifiques et universitaires. Ce n'est pas un « nous » de majesté mais un « nous » de modestie qui rappelle que l'auteur n'est pas parti de rien : c'est une manière de rendre hommage à ses maîtres, aux travaux des autres auteurs sur lesquels il s'est appuyé ; et de prendre une certaine distance avec un « je » trop limité dans sa subjectivité. C'est l'usage du « nous » que nous avons employé en effet dans notre thèse de doctorat, mais c'est le « je » qui a été employé, à bon escient, pendant l'exposé de soutenance. En psychologie et surtout en psychanalyse, on sait très bien que l'objectivité et l'effacement supposé et exigé du chercheur derrière son objet d'étude ne sont qu'une illusion. Pour ce petit ouvrage, qui s'adresse pourtant plutôt à des juristes, je vais donc oser, à partir de ces lignes, employer également le « je » que j'ai soigneusement évité pendant tout mon parcours, lui préférant toujours le « nous » qui témoignait de mon attachement à une communauté de travail. Cette communauté de travail est toujours là et continue à m'accompagner dans tout ce que j'entreprends. Mes collègues à l'Université de Brest où j'ai été ATER de

2002 à 2005, l'équipe des *interactions de la psychanalyse* à l'Université Paris-Diderot, et dernièrement, l'équipe internationale pluridisciplinaire de philosophie pénale de l'Institut de Criminologie de Paris, toutes ces personnes, qui sont devenus des amis, ont suivi les différentes étapes de mon cheminement et les ont enrichies de leurs remarques et observations.[8] Mais si l'usage de ce « je » me semble important aujourd'hui, c'est surtout pour une autre raison, qui n'annule pas, loin de là, mon inscription dans ce « nous » qui continue à me soutenir dans mes choix. La première personne, qui est d'ailleurs actuellement employée dans les travaux en psychologie, a comme but de souligner l'implication et l'investissement personnel du chercheur dans son objet d'étude mais aussi les déterminants inconscients d'un tel choix. Ceci est soigneusement évité dans une discipline aussi normative que le droit. Or, mon domaine est celui de la philosophie, de la psychologie et des sciences humaines en général, tout en m'appuyant sur le droit que j'invoque constamment. Mon travail se donne surtout comme objectif de prendre en compte la logique juridique et judiciaire dans cet esprit des « interactions ». Quand j'interroge ou je me laisse interrogée par le droit, je ne peux le faire qu'à partir

---

[8] Je voudrais remercier également Madame Soraya Ayouch, psychologue au CAEI de Versailles (centre d'action éducative et d'insertion), Madame Joan Sylvanielo, Conseillère d'insertion et de probation, ainsi que Monsieur Alain Barbier, directeur du SPIP de Paris (service pénitentiaire d'insertion et de probation) pour nos discussions et nos échanges.

de cette position, que je revendique humblement, sans prétendre à une quelconque maîtrise des savoirs concernés. La réflexion en jeu, aux intersections et au carrefour de plusieurs disciplines, n'adopte ni le positionnement du juriste, ni celui des professionnels du monde pénitentiaire, dont je ne fais pas partie, mais intègre leur contribution et leurs préoccupations telles que j'ai pu les percevoir pendant nos échanges. Les contacts que j'ai eus avec un monde professionnel, dont j'ignorais, il y a à peine un an, les codes, le langage et les usages ont été extrêmement enrichissants et féconds. La direction des mémoires que j'assume par ailleurs à l'Ecole Nationale de la Protection Judiciaire de la Jeunesse (ENPJJ) a contribué beaucoup à mon intérêt pour l'articulation entre droit et psychanalyse. Le pôle territorial de formation de l'île de France m'a d'abord accueillie en tant qu'intervenante extérieure et actuellement en tant que directrice de mémoire des étudiants stagiaires, futurs éducateurs. Mon intervention enfin, sur la même thématique (droit et psychanalyse), dans le cadre du Master « prise en charge des victimes et auteurs d'agression » à l'Université Paris 5, justifie encore une fois, mon désir de mettre par écrit et de prolonger ces réflexions. La psychanalyse, le droit et par extension la criminologie, la philosophie dans son ensemble, la psychologie légale ou l'expertise, toutes ces disciplines se sont côtoyées dans une démarche qui ne se réduit à aucune d'entre elles mais qui n'ignore aucune également.

L'usage du « je », pour y revenir, désigne finalement le fait que j'assume l'entière responsabilité de cette réflexion, dans toutes les étapes de sa construction, jusqu'à dans sa forme finale et définitive, même si, je ne peux que refuser comme chimérique, voire indésirable toute notion de « produit final ». Le travail solitaire de la recherche et de l'écriture, qui met toujours en relief des éléments jusque là mal perçus, m'a par ailleurs amenée à prendre souvent des chemins dont j'ignorais l'aboutissement et que par conséquent je n'aurais pas pu annoncer par anticipation. Ils m'ont ont aussi amenée à placer les rebondissements incessants de cette recherche sous le patronage inévitable du *kairos*, représenté par Lysippe comme un sauteur et acrobate intrépide et déroutant qui s'oppose à Chronos, le modèle de la régularité et de l'harmonie apollinienne. Or je ne donne pas ici à ce terme uniquement la valeur temporelle qu'on lui donne habituellement, comme instant ou moment propice, mais le sens d'un discernement entre le *trop* et le *trop peu* qui scelle et anime l'activité de toute recherche.

Mon but dans les deux premières parties de cet ouvrage est de proposer quelques aspects des interactions entre droit et psychanalyse, et leurs prolongements dans le domaine du politique, de la criminologie et de l'histoire, dans une perspective épistémologique, historique et notionnelle.

La première partie insiste sur les présupposés épistémologiques et les conditions de ce dialogue, ainsi que sur l'articulation omniprésente de l'individuel et du collectif chez Freud ; passage obligé vers le droit mais aussi les sciences politiques ou la sociologie qui lui sont associées, dans le cadre de l'histoire des idées.

Les raisons en effet qui légitiment les rapports de coopération que le droit a noués avec la psychanalyse dans l'explication des comportements à l'origine des fautes civiles et pénales ainsi que de la psychologie qui conduit les peuples à se choisir leurs régimes respectifs, sont plus nombreuses et plus diverses qu'on pourrait le croire. Outre que Freud s'est rêvé en juriste, il se sert de concepts juridiques pour définir la psyché de *l'homo sapiens*. Avant d'être un « animal qui juge », l'homme est précisément un « animal qui se juge ».

Le malaise dans la psyché provoqué par le domaine du politique et de la politique et les bouleversements socioculturels inédits du siècle dernier a ouvert la problématique de la deuxième partie en parfaite continuité avec ce qui précède.

La question de la mémoire individuelle et collective, soumise aux déformations et distorsions du souvenir vient ensuite tout naturellement se greffer à ces considérations, en grande partie historiques, pour les prolonger et leur conférer une dimension troublante car associée aux dossiers les plus brûlants de notre actualité. Les dysfonctionnements de la mémoire, sur un plan d'abord strictement clinique, rencontrent par conséquent, la question plus large de la fiabilité du témoignage, au niveau tant individuel que collectif. Ce dernier est indiscutablement au cœur de préoccupations d'ordre légal, si on pense à l'expertise psychologique, mais aussi au centre des intérêts de l'historien. Ce qu'on appelle « l'établissement des faits », la « réalité matérielle », souvent opposée à la « réalité psychique », à cause des dysfonctionnements de la perception et de la mémoire, peut en effet concerner autant les procès de pédophilie que les crimes contre l'humanité.

Le champ des pratiques enfin, qui concerne ma troisième partie, tout en étant relié à tout ce qui la précède, ouvre sur des questionnements actuels qui relèvent notamment de la justice des mineurs. La philosophie pénale, avec son discours modérateur d'un débat aux prolongements théoriques importants, accompagne la réflexion psychanalytique ou des questions politiques et institutionnelles.

Ces considérations, qui ne sont que des regards croisés, ouverts à tous mes développements ultérieurs, m'amènent à soutenir que je ne vais pas tant défendre aujourd'hui un sujet, mais une manière spécifique, personnelle et forcément très limitée de le traiter. D'autres manières auraient été certainement possibles, mais celle-ci correspond le mieux à mon parcours, mes choix conscients ou non, mes préoccupations et mes projets à long terme.

I. PRÉSUPPOSÉS ÉPISTÉMOLOGIQUES ET APPROCHE HISTORIQUE

A. Un Freud méconnu

Droit et psychanalyse auraient-ils partie liée ? Se le demander peut sembler une entreprise paradoxale, pour ne pas dire « illégitime », tant l'hétérogénéité de ces deux champs du savoir —avec les incompatibilités et les controverses qu'elle implique— se présente comme une évidence[9]. Des liens, qui combineraient la dissymétrie et la réciprocité irréductibles de leurs points de vue, ne sauraient pourtant être a priori exclus. Même si cette hypothèse de principe n'explique pas encore ce qui pourrait rendre « légitime » l'association inédite de deux disciplines aux objectifs et aux enjeux aussi éloignés les uns des autres.[10]

---

[9] Je m'abstiendrai de donner ici une définition spécifique de la notion de légitimité. Pour ses emplois multiples et polysémiques, on se reportera utilement à l'article de Jean-Pierre AIRUT, « Droit et mœurs : sur le concept oublié et oublieux de légitimité », Stamatios TZITZIS, (dir.), *La Mémoire, entre silence et oubli*, Québec, Les Presses de l'Université Laval, coll. Intersophia, 2006, p. 376-454. Je le remercie par ailleurs chaleureusement de son amitié et ses remarques judicieuses pendant les échanges qu'on a pu avoir à ce sujet.

[10] Je reprends ici l'essentiel de mon article, « Histoire des relations entre criminologie et psychanalyse », *op. cit.* p. 159-166.

Pour légitimer mon propos, qu'il me soit permis de préciser le contexte du rapprochement de ces deux disciplines et expliciter ses présupposés épistémologiques.

Le domaine dans lequel je me situe est celui des « interactions de la psychanalyse ».[11] Distinct de celui d'une « psychanalyse appliquée », très critiquée par le passé, à cause d'une transplantation hors d'un lieu d'origine, et d'une utilisation mécaniste et instrumentale des concepts psychanalytiques, le domaine des interactions vise à vérifier la capacité de la méthode et de la théorie psychanalytique à rencontrer d'autres logiques, non seulement en y apportant un éclairage nouveau, mais en étant

---

[11] Cette notion, proposée par le Professeur Sophie de Mijolla-Mellor, est à l'origine de l'équipe qui porte le même nom, créée en 1990, au sein de l'École doctorale « Recherches en psychanalyse et psychopathologie », qu'elle dirige, à l'Université Paris 7 Denis Diderot. Ses objectifs et ses perspectives sont essentiellement épistémologiques et historiques, confrontant les discours que tiennent les diverses disciplines sur leurs objets et leurs méthodes afin de mettre en lumière les interactions entre la psychanalyse et les Sciences de l'Homme. Parallèlement, les relations avec l'AIHP (Association Internationale d'Histoire de la psychanalyse) complètent l'axe historique, incluant aussi la dimension du Droit et celle de la Politique.

en retour éclairée elle-même, quant à son essence et à son éventuelle fécondité.

« La perspective est épistémologique d'abord, et porte l'interrogation sur la possibilité d'emprunt de modèles, la pénétration réciproque des concepts, mais aussi la spécificité des champs du savoir et, éventuellement, leur imperméabilité. Donc les limites de ces interactions »[12]

La notion, déjà très employée, de *multi-* ou *pluridisciplinarité*, quand elle ne se limite pas en une juxtaposition de discours qui s'ignorent mutuellement ou à un simple éclairage multifocal, pourrait s'y associer et être visée, soit à travers une perspective *interdisciplinaire*, soit *transdisciplinaire*. Mais la notion d'*interaction* est proposée par Sophie de Mijolla pour souligner qu'elle veut y ajouter quelque chose, à savoir que ces autres domaines auxquels la psychanalyse s'intéresse ont toujours été et doivent continuer à être *une partie constitutive d'elle-même*. Cela veut dire qu'ils devraient la

---

[12] Sophie de MIJOLLA-MELLOR, article « psychanalyse appliquée/interactions de la psychanalyse » in *Dictionnaire international de la psychanalyse*, sous la direction d'Alain de Mijolla, Paris, Calmann-Lévy, 2002, p. 1292.

développer et la mettre constamment à l'épreuve.[13]

Quand la psychanalyse interroge ou est interrogée par le droit, elle ne peut que buter sur un premier écueil, une pierre d'achoppement, très difficile à contourner: celle qui consiste à vouloir concilier d'un côté la vérité du sujet dans sa singularité irréductible, en tant que « réalité psychique », et de l'autre côté les exigences d'un ensemble de règles extérieures qui régissent les rapports des hommes entre eux. [14] Pourtant, comme le souligne Marie-Dominique

---

[13] Voir aussi, pour une analyse très fine et détaillée de ces notions, Sophie de MIJOLLA-MELLOR, « La recherche en psychanalyse à l'université », *Recherches en psychanalyse*, N° 1, 2004, p. 27-47

[14] Et s'imposant de ce fait à tous sans exception, ce qui constitue la définition même du droit. Je pourrais ajouter ici une autre dimension très différente des rapports entre droit et psychanalyse, que je ne vais pas discuter ici, mais qui mériterait d'être étudiée séparément. Il s'agit de la question de la réglementation, qui concerne les psychologues dans leur ensemble et d'une manière très spécifique les psychanalystes. Jacqueline CARROY, Annick OHAYON et Régine PLAS relatent ce fait dans leur *Histoire de la psychologie en France*, (Paris, la découverte, 2006, p. 232-233) en mettant l'accent sur cette situation paradoxale, très médiatisée en 2004, « ce qui prouve que ces débats sont sortis des cercles professionnels pour devenir une sorte d'affaire d'état. » (*Ibid*, p. 233). En 2010, le décret relatif à l'usage du titre de psychothérapeute ranime ces débats passionnels.

Trapet,[15] la psychanalyse ne peut pas se désengager de ce qui fonde les valeurs de la société,[16] ni renoncer à s'intéresser au droit, ce qui la conduit à poser différemment certaines questions, au lieu de les contourner, sous prétexte qu'elles ne relèvent pas de sa « juridiction ».[17]

---

[15] Magistrat, Docteur d'État en droit, Docteur en droit canonique et docteur en psychanalyse. Je renvoie à son article « Droit et psychanalyse » in *Dictionnaire international de la psychanalyse*, *op. cit.* p. 476-477, qui résume l'essentiel de ces interactions, mais surtout à son excellente thèse « le droit dans l'œuvre de Freud », sous la direction de Sophie de Mijolla-Mellor, (thèse dactylographiée), Université Paris VII, 1998. Sa sœur, Marie-Aleth Trapet, magistrat également, a soutenu une thèse durant la même année, dans la même discipline et avec la même directrice de recherche, intitulée « Les adages, souvenirs d'enfance du droit, esquisse d'une métapsychologie des adages » (non publiée)

[16] Malgré son scepticisme légendaire à l'égard des diverses croyances, productrices d'illusions, les valeurs et même la religion, sont pour Freud nécessaires au progrès de la culture et à son corollaire, le renoncement à la satisfaction directe des pulsions.

[17] Il est important que je précise ici que je vais parler de psychanalyse essentiellement freudienne, même si je ne peux pas ne pas me référer brièvement à quelques contributions post-freudiennes majeures. Il s'agit d'un souci de revenir aux fondations, à ce moment critique où la psychanalyse est très attaquée et où il est vital de faire œuvre d'historien, ce qui est incontestablement la meilleure façon de dissiper des malentendus qui perdurent ou de présenter des faces cachées d'un Freud méconnu.

La découverte d'un Freud, qui s'exprime d'ailleurs très souvent en juriste (il ne faut pas oublier qu'il a renoncé dans sa jeunesse à une carrière juridique, et même à des ambitions politiques) confère un sens nouveau à certains de ses écrits. L'utilisation, en effet, d'un vocabulaire proprement juridique, donne à penser que la rencontre des deux disciplines ne doit rien au hasard.[18]

Et si nous pensons à l'instance du « Surmoi », néologisme introduit par Freud en 1923, « l'image qu'il en donne est celle d'un tribunal qui assumerait à lui seul l'ensemble des fonctions juridictionnelles. Le Surmoi freudien se trouve en effet chargé des tâches de législateur, de juge de seconde instance, voire de Cour suprême, d'avocat (du Ça), de procureur et même de consolateur. »[19] La décomposition de la personnalité psychique révèle en effet une

---

[18] Il suffit de penser aux notions psychanalytiques de conflit (*konflikt*), défense (*Abwehr*), jugement de condamnation (*Verurteilung* ou *Urteilsverwerfung*) et besoin de punition (*Strafbedürfnis*). Pour leur définition détaillée, Voir, Jean LAPLANCHE, J.-B.PONTALIS, *Vocabulaire de la psychanalyse*, Paris, P.U.F., 1967, ainsi que Paul-Laurent ASSOUN, *Le Vocabulaire de Freud*, Paris, ellipses, 2002.

[19] Marie-Dominique TRAPET, « Droit et psychanalyse », *op. cit.* p. 477.

partie du Moi qui se place « au-dessus » (*über*) de ce dernier (*Ich*), s'oppose à lui, le juge de façon critique en exerçant une supervision, le contrôle et le cas échéant, le censure, tout en assumant une fonction d'« autoconsolation » manifestée notamment dans l'humour.

Freud en tant que « législateur de la psychanalyse » se révélera même fin processualiste, s'intéressant de près au « droit de la preuve », à travers la question de la présomption de paternité, dont il a vanté les mérites.[20] *Mater certissima, pater semper incertus est*. Freud le rappelle en effet, en qualifiant le passage du matriarcat au patriarcat de « progrès de la civilisation » comme « victoire de la vie de l'esprit sur la vie sensorielle » puisque cette première nécessite des opérations logiques et intellectuelles supérieures, telles que la

---

[20] Pour cette question, cruciale en droit et en psychanalyse Voir, Marie-Aleth TRAPET et Marie-Dominique TRAPET, « Freud, théoricien du désaveu de paternité », *Topique*, 70, 1999, p.49-59. Les auteurs remarquent que « ce faisant, Freud retrouve le vocabulaire des grands processualistes de son époque qui sont alors en débat sur la question du syllogisme juridique », *Ibid*, p. 55.

déduction ou la conjecture[21] et a le mérite de permettre le doute, qui va alimenter les fantasmes du « roman familial. »[22] Il

---

[21] Il rappelle que « la maternité est attestée par le témoignage des sens, tandis que la paternité est une conjecture [*eine Annahme*] , est édifiée sur une déduction et un postulat [*auf einem Schluss und auf eine Voraussetzung aufgebaut*]. S. FREUD, *L'Homme Moïse et la religion monothéïste*, Paris, Gallimard, 1986, p. 213. Pour le texte allemand, Voir, *Der Mann Moses und die monotheistische Religion: drei Abhandlungen,*[1939a (1934-1938)], *Gesammelte Werke* XVI, 221. Trente ans plus tôt, Freud avait évoqué la question, dans une note en bas de page, dans « Remarques sur un cas de névrose obsessionnelle, (L'homme aux rats) » [1909d], in *Cinq psychanalyses*, [1954], Paris, P.U.F., 1990, p. 251, où il évoque également le mythe de la naissance d'Athéna, déesse sans mère, sortant du cerveau de Zeus.

[22]Par « roman familial » on entend en psychanalyse une construction fantasmatique refoulée, dans laquelle l'enfant réinvente ses origines, en imaginant qu'il est issu d'un autre lit ou adopté. Il se donne le plus souvent des parents d'un rang social plus élevé, distingués, riches ou célèbres. Les opérations intellectuelles requises à cette construction, comparaison et relativisation, résultent de l'acquisition, fondamentale pour la psyché, d'un droit de « douter ». Concernant les effets, paradoxalement « bienfaisants », de ces fantasmes, qu'on aurait tendance, à tort, à considérer uniquement comme l'expression d'une infidélité ou d'ingratitude envers les parents, Voir, les explications de FREUD, dans « Le roman familial des névrosés », [1909c] in *Névrose, psychose et perversion*, [1973], Paris, P.U.F, 1992, 157-160. Paul-Laurent ASSOUN reprend cette question, en dénonçant les abus et les risques d'une exigence sociale croissante, aujourd'hui, de « preuves de paternité » que les connaissances médicales actuelles ont rendues possibles. Voir, « *Pater incertus, mater incognita* », in *Vérité scientifique, vérité psychique et droit de la filiation*, sous

n'hésitera pas non plus à recourir à nouveau à la métaphore juridique, voire judiciaire, en intitulant un de ses textes *D'un rêve comme pièce à conviction* (1913a)[23] pour signifier que pour l'analyste, le rêve peut tenir lieu « d'aveu déguisé » et même qu'il y aurait des rêves-aveux *sui generis*. L' « aveu » et la « preuve » : on n'aurait pas pu trouver mieux en effet que ces deux notions clés, pour confronter psychanalystes et juristes dans une commune interrogation épistémologique. Autour d'un numéro de la revue *Topique*, les figures de l'aveu dans le texte freudien[24]ont côtoyé la réflexion sur la politique à travers l'obtention des aveux par la torture, celle des juristes qui reconnaîtront la place privilégiée mais insuffisante de l'aveu dans le système des preuves ; celle de la religion enfin où la *confessio* du droit romain (traduisant l'*homologeia* grecque) est avant tout profession de foi, sous entendant par là

---

la dir. de Lucette KHAÏAT, actes du colloque de l'IRCID-CNRS, des 9, 10, 11 février 1995, Toulouse, Erès, 1995.

[23] Freud utilise le terme *Beweismittel* : « moyen de preuve ».

[24] Il serait utile de confronter à ce sujet les points de vue de Freud à ceux de Theodor REIK dans son ouvrage *Le Besoin d'avouer. Psychanalyse du crime et du châtiment*,[1958], Paris, Payot, 1977. Le titre en anglais parle par ailleurs de « compulsion à avouer » : *The compulsion to confess*.

qu' affirmer sa foi et sa religion, implique forcément le fait de se reconnaître et « s'avouer » « hérétique » par rapport à une autre.[25]

La publication d'un article en 1906, suite à une conférence au cours pratique du Pr Löffler sur « L'établissement des faits par voie diagnostique et la psychanalyse »[26] et d'un autre en 1931 : « l'expertise de la faculté au procès Halsmann »[27] montre que Freud s'est penché occasionnellement sur certains aspect du procès pénal, sans chercher par ailleurs à théoriser davantage les interactions entre droit et psychanalyse, faisant toujours preuve d'une réserve et une extrême prudence à ce sujet.[28] Or la notion de

---

[25] N° 70, 1999.

[26] [1906c], in *L'Inquiétante Étrangeté et autres essais*, Paris, Gallimard, 1985. Il est utile de signaler que cet article fut publié dans les *Archiv für Kriminal Anthropologie*, XXVI, p. 1-10.

[27] [1931d] *OCF.P* (*Œuvres complètes de Freud. Psychanalyse*), XIX, p. 39-44.

[28] L'interprétation d'ailleurs du premier de ces deux textes, qui concerne plus spécifiquement les relations de la psychanalyse avec la criminologie, a fait l'objet de nombreux contresens dans le passé. Il s'adresse à de futurs juges et avocats pour donner son avis sur une nouvelle méthode d'investigation, susceptible d'obliger l'accusé à démontrer lui-même, par des signes objectifs, sa culpabilité ou son innocence. Freud met en garde ses auditeurs contre les limites de cette méthode, puisque un sentiment de culpabilité avéré ne peut en aucun cas suffire à

« meurtre du père » et la question de l'inceste sont si centrales dans son œuvre, qu'elles rendent inéluctable la confrontation des deux disciplines, même si le « crime » en question est le plus souvent perpétré de manière inconsciente et le procès qui suit, n'est autre que celui qu'intente au sujet sa propre culpabilité. Freud parle en effet très souvent de « procès psychique » car « le fonctionnement de la psyché va présenter de réelles parentés avec celui d'une juridiction, dès lors qu'il y a lieu de juger un coupable. »[29] Un autre texte de référence, « Les criminels par sentiment de culpabilité » (1916d)[30] rédigé à partir de son expérience avec des sujets ayant commis un délit au cours de leur cure, fait pourtant un pas de plus. Freud y relate que l'auteur du délit en question ou même de l'acte criminel souffrait d'un oppressant sentiment de culpabilité de

---

inculper un individu, le névrosé se comportant comme étant *réellement* coupable.

[29] Marie-Dominique TRAPET, « Droit et psychanalyse », *Op. cit.* p. 477. Cf. aussi l'article de Raphaël DRAÏ, « Droit et psychanalyse », *Dictionnaire de la culture juridique*, sous la dir. de Denis Alland et Stéphane Rials, P.U.F., Lamy, coll. Quadrige, Paris 2003, p. 481-484.

[30] In *Quelques types de caractère tirés du travail psychanalytique*, *OCF.P.*, XV, p. 13-40.

provenance inconnue *avant* de commettre ce dernier et qu'une fois la faute commise « l'oppression en était amoindrie, tout au moins le sentiment de culpabilité se trouvait-il rapporté à quelque chose de défini. » Tout en reconnaissant que cet obscur sentiment de culpabilité n'avait comme origine que les intentions criminelles à l'égard du parent du même sexe, Freud a soin de préciser que cette catégorie de criminels n'épuise pas la population pénale. C'est pour cette raison que la collaboration entre psychanalyse et criminologie dont personne ne conteste la fécondité aujourd'hui,[31] ne devrait pas nous faire oublier la prudente réserve de Freud qui « peut prendre après-coup une signification

---

[31] Je ne peux que me référer brièvement à des collaborations fructueuses, qui ont traversé l'histoire de la psychanalyse : à Sandor Ferenczi et ses concepts théorico-cliniques de l' « identification avec l'agresseur » ou de l' « introjection » de ce dernier, concernant une approche psychanalytique de la victimologie ; à Daniel Lagache, qui a consacré une grande partie de son œuvre au dialogue avec le grand criminologue belge Etienne De Greeff ; aux célèbres cas de Jacques Lacan (les « sœurs Papin » et le cas « Aimée »), qui l'ont amené à proposer un groupe des « psychoses du Surmoi » pour les paranoïas d'autopunition et de revendication ; à C. Balier pour le traitement psychanalytique en prison et l'ouverture de consultations médico-légales ouvertes à des psychanalystes et j'en passe.

salutaire, tant les élaborations hâtives d'une psychanalyse mal appliquée ont pu maladroitement faire dériver mécaniquement l'agir du fantasme, ou généraliser le recours au sentiment inconscient de culpabilité, voire entretenir le rêve d'une psychanalyse conquérant l'espace judiciaire. »[32]

B. L'articulation de l'individuel et du collectif

A ce stade de mon investigation, il me semble judicieux de parler d'une autre pierre d'achoppement, au niveau épistémologique, qui risquerait de compromettre les rapports entre droit et psychanalyse. Il s'agit de l'articulation problématique de l'individuel et du collectif, ou du passage de considérations

---

[32] Sophie de MIJOLLA-MELLOR, article « criminologie et psychanalyse » in *op. cit.*, p. 381-383. Pour une étude par ailleurs plus détaillée de l'histoire entre criminologie et psychanalyse, Voir, mon article précité dans l'introduction. CF. également le récent ouvrage de Raphaël DRAI, *« Le plus grand mensonge du monde ». Théorie juridique et théorie psychanalytique*, Paris, Hermann éditeurs, 2010.

qui se rapportent à l'individu à celles des groupes et des sociétés.[33]

La psychanalyse freudienne concerne pourtant *simultanément* le domaine individuel de la cure et celui des faits collectifs, qui occupe la quasi-moitié du corpus du fondateur.

Quand il s'agit de parler de psychologie collective, comme tremplin pour parler de l'histoire, de la sociologie, du droit ou du politique,[34] le *tertium quid* paraît être pour Freud la famille, où se joue le complexe d'Œdipe.

---

[33]Ce débat a toujours suscité de vives discussions, qui n'épargnent aucune discipline, que ce soit l'histoire, la psychologie sociale, l'anthropologie ou le passage de la microéconomie à la macroéconomie.

[34] On pourrait me reprocher ici de passer trop rapidement du droit *stricto sensu* à la sociologie, les sciences historiques ou la question du politique, champs qui malgré leur enchevêtrement, revendiquent à leur tour, une autonomie et des méthodes qui leur sont propres. Outre mes remarques préliminaires, je dirais également que ce qui apparaît à tort comme un « mélange de genres » n'est que le constat d'un lien indissociable, non seulement dans la recherche, mais dans la réalité de nos vies. Ces questions, tant dans leur aspect épistémologique, que sous une angle historique, ont été abordées dans ma thèse, *La vérité en Histoire et en Psychanalyse (*Voir, *supra*, note 7). Elles sont été reprises également dans mon article « Direito e psicanalise : uma relaçao ''ilegitima'' ? », *Psicologia USP,* Sao Paolo ; juillet-sept. 2007, 18 (3), p. 91-111.

Après *Totem et Tabou* (1912-13a), qui est son premier grand ouvrage de psychologie collective, Freud publie une dizaine d'années plus tard, *Psychologie des masses et analyse du Moi*, (*Massenpsychologie und Ich-Analyse*) (1921c), qui est certainement son ouvrage fondamental sur le sujet, mettant en relief les relations intrinsèques entre la psychologie individuelle et celle des masses, relations qu'il entretient tout au long de son œuvre.[35]

La deuxième systématisation de la théorie freudienne des pulsions, formulée en 1920 (pulsions de vie et pulsions de mort) coïncide par ailleurs, pendant la même époque, à un désir d'envisager sous un angle nouveau la psychologie collective.

Rédigé à la suite d'*Au-delà du principe de plaisir* (1920g) qui suit lui-même

---

[35] Même si j'estime que le but de ce travail n'est pas de présenter des ouvrages déjà très connus dans un esprit « encyclopédique » mais seulement de s'y référer selon le besoin de l'argument, je me permettrai de donner ici un très rapide aperçu de certains d'entre eux qui met en relief l'articulation harmonieuse de l'individuel et du collectif et la cohérence interne de l'œuvre freudienne. Cf. également, Michèle PORTE, *Pulsions et politique. Une relecture de l'événement psychique collectif à partir de l'œuvre de Freud*, Paris, L'Harmattan, 1998.

les *Considérations actuelles sur la guerre et la mort* (1915b)[36] l'ouvrage *Psychologie des masses et analyse du moi*, constitue le deuxième temps de la grande refonte théorique des années 1920, dont *Le Moi et le Ça* (1923b) sera le troisième volet. *L'Avenir d'une illusion* (1927c) et *Le Malaise dans la culture* (1929) répondent des élaborations et perlaborations de la seconde topique entre 1923 et 1927.

Parmi les travaux liés à la première topique,[37] *Le Mot d'esprit et ses rapports*

---

[36] In *Essais de psychanalyse*, Paris, Payot, 1981. Dans ce bel essai, le fameux pessimisme freudien n'est que l'amère constatation du retour de la barbarie dans les pays qui ont donné au monde les plus hauts exemples de la civilisation humaine. Freud met en avant la « désillusion causée par la guerre » et termine sa réflexion avec une question:
« Pourquoi, à vrai dire, les individus-peuples se méprisent-ils, se haïssent-ils, s'abhorrent-ils les uns les autres, même en temps de paix, et pourquoi chaque nation traite-elle ainsi les autres ? cela certes est une énigme. Je ne sais pas répondre à cette question. Dans ce cas, tout se passe comme si, *dès lors qu'on réunit une multitude*, voire même des millions d'hommes, toutes les acquisitions morales des individus s'effaçaient et qu'il ne *restât plus que les attitudes psychiques les plus primitives, les plus anciennes et les plus grossières.* » C'est moi qui souligne. *Ibid*, p.25

[37] Je rappelle que Freud a représenté l'appareil psychique comme un « lieu » (topos), mais qui est un espace dynamique, selon une trilogie d'instances, systèmes ou provinces qui entrent en relation entre elles constamment. En 1900, il a élaboré sa

avec l'inconscient (1905c) constitue à travers les aphorismes et les jeux de mots des histoires juives, une contribution à l'étude de la culture juive de l'Europe centrale, confrontée à l'antisémitisme. Freud s'appuie en effet sur des histoires de *ghetto* pour faire le lien entre le mécanisme du rêve et les diverses modalités du rire.

L'article « Actes obsédants et exercices religieux » (1907b), constitue par la suite la première grande analogie entre psychologie individuelle et psychologie collective, suivi de « La morale sexuelle civilisée et la maladie nerveuse des temps modernes » (1908d) où Freud commence par constater que « notre civilisation est construite sur la répression des pulsions »[38] pour proposer ensuite une prophylaxie collective des névroses. La dernière œuvre magistrale qui clôt ces travaux, n'est autre bien sûr que *L'Homme Moïse et la religion monothéiste* (1939, [1934-38]) qu'il appelle son « roman historique » et qui porte sur les origines égyptiennes de Moïse et l'origine des

---

première *Topique*, (inconscient, préconscient, conscient) suivie par la deuxième en 1923 qui ne se substitue pas pour autant tout à fait à la première : le Moi, le Ça, et le Surmoi.

[38] in *La Vie sexuelle*, Paris, P.U.F. 1989, p. 33

monothéismes juif et chrétien, rassemblant tous les thèmes de psychologie collective élaborés jusque là.

Après *Moïse*, Freud a écrit entre 1930 et 1932, en collaboration avec Bullit, son ouvrage contesté, à cause des problèmes liés à la publication et la diffusion du manuscrit, sur le Président Thomas Wilson, cet « idéaliste » qui s'est acharné à vivre dans l'ignorance volontaire des réalités politiques.[39]

Ce rapide aperçu chronologique et thématique met particulièrement en relief l'articulation incontestable de l'individuel et du collectif dans l'œuvre freudienne. Or, elle ne fut pas moins critiquée, voire rejetée par les spécialistes contemporains à cause, en partie, de l'acte de foi de Freud envers Lamarck, sur la transmission des traces mnésiques dans les masses.[40] Ces critiques ne

---

[39] Freud confesse dans ce livre son antipathie pour ce Président qui sacrifie sans cesse la réalité à la considération d' « intentions nobles ».

[40] Il est vrai que la référence à l'hypothèse de Haeckel, selon laquelle l'ontogenèse récapitule la phylogenèse, vient souvent sous la plume de Freud. Mais elle est centrale et encore plus importante dans *Totem et Tabou* et dans la *Vue d'ensemble des névroses de transfert* (1985a [1915] où il tente une vaste fresque rassemblant histoire de l'humanité et histoire individuelle.

devraient pas nous empêcher de bénéficier des apports précieux de cette partie de l'œuvre freudienne. C'est pour cette raison que je tiens à revenir à *Massenpsychologie und Ich-Analyse*, pour préciser d'abord que la visée sociologique et politique de cet essai a été paradoxalement occultée par les différentes traductions approximatives. Traduit pour la première fois en français en 1924 par S. Jankélévitch, sous le titre *Psychologie collective et analyse du moi* et en 1981 par P. Cotet, A. et O. Bourguignon, J. Altounian, et A. Rauzy, sous celui de *Psychologie des foules et analyse du moi*, on a d'abord privilégié la dimension quantitative, pourtant réfutée par Freud, et ensuite l'idée de « foule » pour maintenir le lien avec la *Psychologie des foules* de 1895 de Gustave Le Bon, qui a inspiré l'auteur. En 1991, les mêmes auteurs ont donné à leur dernière version, le titre *Psychologie des masses et analyse du moi* conformément à

Freud y est plus lamarckien que darwinien, soutenant que l'acquis individuel se conserve et se transmet au fil des générations. Il n'empêche que le « darwinisme social » qui l'inspire dans *Totem et tabou* a connu de détestables développements et suscite une méfiance justifiée.

l'option freudienne.[41] Freud retient en effet le terme allemand *Massen* pour traduire le mot *foules* de G. Le Bon, plutôt que celui de *Menge*, privilégiant ainsi la connotation politique. Les traductions anglaises n'ont pas réussi à traduire mieux la pensée sous-jacente de Freud. James Strachey, en traduisant le terme allemand *massen* par *group*, au lieu de *mass*, optait pour une conception particulière du social, telle que la psychologie sociale américaine l'envisage, selon laquelle, le groupe constitue le modèle, réduit ou expérimental de la société.

Dès les premières lignes de son ouvrage, Freud récuse l'opposition classique entre psychologie individuelle et psychologie sociale ou des masses, en faisant valoir que l' « autre », que ce soit comme modèle, objet d'amour ou rival est toujours présent dans la réalité psychique de l'individu.[42]

---

[41] Le *Dictionnaire de la psychanalyse* d'Elisabeth ROUDINESCO et Michel PLON (p.853-857) dans l'article consacré à l'ouvrage de Freud en question, insiste à juste titre sur ces questions de traduction.

[42] La question de l' « autre » nous conduit à celle de l' « altérité », notion logique et métaphysique d'ordre très général qui n'intéresse la psychanalyse qu'à travers l'usage lacanien du terme (le grand Autre et le petit autre) qui dépasse de très loin les indications données dans l'œuvre freudienne

Mais quand le sujet ne peut plus se reconnaître qu'en passant par un Autre (on connaît le destin philosophique de cette problématique chez Hegel et Marx) les

---

elle-même. Quand on me demande « ce que pense celui qui considère l'autre comme légitime » (je remercie Guillaume Bernard et Jean-Pierre Airut de nos échanges à ce sujet) je ne peux que me référer en priorité à ce fameux grand Autre lacanien, qui désigne tour à tour, la toute puissance de la loi, le père admiré, une force supérieure imaginaire, une institution, Dieu...et j'en passe. Cet Autre, censé être celui qui « légitime » les actes, les diverses productions et mêmes les intentions et les pensées d'un être humain, peut être à l'origine des actes les plus nobles comme les plus abjectes. Souvent, les êtres humains acceptent de s'offrir en exemple pour accomplir des fins qu'ils jugent supérieures à leur personne. Ils ont le sentiment qu'ils doivent servir une cause, contribuer par une sorte d'auto-effacement à la place qui leur est assignée par un Autre...Ce grand Autre auquel on se soumet volontairement, est le garant de la Loi. Cf. à ce sujet, la préface dialoguée (M. Bertrand et G. Raimbault) du très beau livre de Jacques MAITRE, *L'Orpheline de la Bérésina, Thérèse de Lisieux (1873-1897), Essai de psychanalyse socio-historique*, Paris, Les éditions du Cerf, 1995. La psychanalyse française contemporaine a été également séduite par l'élaboration philosophique et morale de cette notion de l'Autre, proposée par Emmanuel LEVINAS. Pour revenir à Freud, son article « Personnages psychopathiques à la scène » (1942 [1905-06]) touche à cette question indirectement, à travers la pièce du dramaturge autrichien Hermann BAHR, *L'Autre* (au féminin : *die Andere*), pièce qui met en place un étonnant « jeu de l'altérité » mais dont Freud ne fait pas vraiment état dans son commentaire.

risques d'aliénation[43], inhérents à tout discours idéologique, émanant de ce dernier, commencent à se profiler. Ce discours, en tant que *Weltanschauung*, vision du monde, dans le sens d'une formulation dogmatique des idéaux d'une classe, d'un parti, d'une association ou d'une église, vise explicitement ou implicitement à une domination culturelle, politique, économique, intellectuelle ou spirituelle de la société et des individus.[44]

Ces remarques sur la notion d'aliénation, qui recouvre des champs aussi divers que la psychologie collective, la passion amoureuse ou la toxicomanie, seront prolongées et redéfinies d'une manière très pertinente par Piera Aulagnier, comme désir d'accéder à un état dépourvu de toute source de conflits, un état « a-conflictuel » et donc illusoire, entre le Je et ses idéaux.[45]

---

[43] Les analyses de Freud sur le fameux « culte de la personnalité » du meneur ou du chef, qu'il compare à l'hypnotiseur, sont aujourd'hui classiques.

[44] Le but donc de toute idéologie selon Freud serait de souder en un système de représentations défensif un « collectif », que ce soit la Nation, l'Église, l'Armée ou l'État.

[45] Voir, Piera AULAGNIER, *Les destins du plaisir. Aliénation, amour, passion*. Paris, PUF, 1979.

Cet état « repose sur une rencontre entre le désir d'autoaliénation de l'un et le désir d'aliéner de l'autre. Ce qui cherche alors à disparaître dans l'aliénation, c'est la tension engendrée par la différence. [...] Là où le névrosé diffère la réalisation idéalisée de lui-même et où le psychotique la pose comme déjà advenue sur un mode délirant, le sujet aliéné la transfère sur un autre qui lui assure, par personne interposée, la certitude, l'exclusion du doute et du conflit concernant une telle réalisation. »[46]

---

[46]Sophie de MIJOLLA-MELLOR, article « aliénation », in *Dictionnaire International de la psychanalyse*, *op. cit.*, p. 40.

II. MALAISE DANS LA CIVILISATION ET DISFONCTIONNEMENTS DE LA MEMOIRE

A. Politique et psyché

Face donc aux dangers de l'aliénation du sujet, Freud se positionne en homme des lumières, en *Aufklärer*, dénonçant la censure et les mensonges de l'État, qui traite les citoyens comme des mineurs. Mais à la question d'Eastman : « Qu'êtes vous politiquement ? », Freud rétorque : « Politiquement, je ne suis rien. » Quand on l'incite à se prononcer en faveur d'une « couleur politique » et de se proclamer « blanc » ou rouge », « fasciste » ou « communiste », il répond que « chacun doit être de couleur chair ».[47] Or son « indifférentisme » politique et le refus d'une identité politique, pour lui et la psychanalyse, est autre chose qu'un « neutralisme ».[48]

Car Freud prend place manifestement aux côtés de cette mouvance de pensée « qui, loin de voir dans l'État l'accomplissement de l'histoire (Hegel), le présente comme un partenaire roué, dont on trouve les traces chez Schopenhauer et Nietzsche. Cela signe une disjonction entre ''la politique'' – fondée

---

[47] D'après Joan RIVIÈRE, in Ernest JONES, *La Vie et l'oeuvre de Sigmund Freud*, Paris, PUF, 1969-1970, t. II, p. 414.

[48] Pour cette question, Voir, Paul-Laurent ASSOUN, « Freudisme et indifférentisme politique - objet de l'idéal et objet de la démocratie » in *Hermes*, 5-6, Editions du CNRS, 1990, p. 345-360.

sur une philosophie de l'histoire – et ''le politique'' – réduit à une dimension immanente. »[49]

Pourtant, tous ceux qui ont vécu l'essentiel de la « révolution freudienne »,[50] ont découvert que si une dualité de ce genre peut se révéler aliénante, c'est parce qu'il n'y pas d'Autre en tant que tiers et intermédiaire cette fois-ci, qui éviterait tant l'affrontement mortel, en miroir, que l' « absorption » par une autre conscience. N'est-ce pas la figure du pouvoir lui-même qui transparaît ici en filigrane ? Les limites donc de la démarche freudienne ou ses interprétations politico-philosophiques nécessairement réductrices devraient nous empêcher d'être « freudiens » dans le sens idéologique du freudisme.[51]

---

[49]Paul-Laurent ASSOUN, *Le Freudisme*, Paris, PUF, coll. « Que sais-je ? », 1990,
p. 106.

[50]On sait que Freud, rêvait dans sa jeunesse de faire de la politique et on trouve chez lui un attachement à un type d'idéal libéral, « si l'on donne à ce terme, si diversement connoté par ses usages historiques, le sens de défense des ''droits'' du sujet face aux ''puissances'' susceptibles d' ''empiètement'' sur la sienne propre. » Ces puissances sont pour Freud l'État et l'Église. Paul-Laurent ASSOUN, *Ibid*, p. 107. Il s'agit d'une certaine forme de libéralisme, celle de Lincoln ou de J. S. Mill.

[51] Il faut se garder en effet d'extraire de ces considérations une véritable « anthropologie » qui déterminerait des options politiques, capable de faire ce qu'on appelle une réduction par le « bas », toute aussi coupable que celle qui fait une réduction par le « haut ». La démarche philosophique consiste en l'étude et l'appréciation de tout grand auteur dans le contexte qui lui est propre, sans le sacraliser, ni le discréditer ou le diaboliser. Pour

Mais en dehors de cela, c'est sur la guerre que les écrits freudiens semblent le plus nous concerner encore aujourd'hui, exprimant un engagement qui se veut pacifiste. Il est paradoxal, mais en réalité conforme à ses découvertes, vis à vis du pulsionnel, que Freud présente ce pacifisme non comme un choix philosophique, mais comme une attitude qu'il appelle « organique », voire, « constitutionnelle ». Dans une lettre à Einstein, il se démarque des formes idéalistes du pacifisme, en parlant de la dite « intolérance constitutionnelle » du *kulturmensch* .[52]

Quant à l'alliance du freudisme et du marxisme, qui elle aussi a fait coulé beaucoup d'encre, on pourrait dire que si Freud n'a pas manqué de souligner dans *Les Nouvelles Conférences* le mérite du matérialisme historique, comme mise à jour perspicace des contraintes économiques, il a par contre contesté la philosophie de l'histoire hégélienne qui le sous-tend, même dépouillée de son idéalisme.[53] A la fin du chapitre V de *Psychologie des masses et analyse du Moi*, il exprime d'ailleurs sa méfiance envers le socialisme, par un passage qui

---

ces questions, Voir, Yvon BRES, *Freud en liberté,* Paris, Ellipses, 2006.

[52] *Ibid.*, p. 108. Voir la citation de la lettre à Einstein donnée par P.-L. ASSOUN, qui précise que ce constat se confond avec la détermination culturelle elle-même qui fera dire à Freud en conclusion que « tout ce qui travaille au développement de la culture travaille aussi contre la guerre. »

[53] Sur le « freudo-marxisme », né dans les années 1920-1930 et son acmé dans les années 1960, Voir, la synthèse de Paul-Laurent ASSOUN, *L'École de Francfort*, Paris, PUF, coll. « Que sais-je ? », 1987.

montre sa lucidité non démentie par rapport à l'évolution du communisme, mais également aux divers dogmatismes scientifiques, qui mèneraient selon lui au même résultat, s'ils pouvaient toucher un plus grand nombre de gens :

« Si un autre lien à la foule prend la place du lien religieux, ce à quoi le lien socialiste semble actuellement parvenir, il en résultera la même intolérance envers ceux de l'extérieur qu'au temps des guerres de religion, et si les différences de points de vue dans les sciences pouvaient jamais avoir pour les foules une importance analogue, c'est également pour ce motif que le même résultat se reproduirait. »[54]

Mais là où politique et psyché se mêlent et se confondent d'une tout autre manière,[55] en interrogeant à nouveau l'articulation de l'individuel et du collectif, c'est incontestablement dans *L'Interprétation des rêves*. Cette « psycho-archéologie », comme l'appelle très pertinemment Carl Schorske[56] mêle harmonieusement trois niveaux

---

[54] In *Essais de psychanalyse, op. cit.*, p. 160.

[55] Les questions que je vais traiter ici semblent les moins contestables, puisqu'il s'agit d'un tout autre aspect du problème : celui qui mêle « histoire privée » et « histoire publique » ou « grande Histoire ». Cf. l'article de Michel PLON, « la psychanalyse dans son temps », *Raisons politiques*, 25, 2007, p. 89-99 ; ainsi que l'ouvrage d'Anne Lise STERN, *Le Savoir déporté. Camps, Histoire, Psychanalyse*, Paris, Seuil, 2004.

[56] Carl E. SCHORSKE, *Vienne, Fin-de-siècle*, [1961], Paris, Le Seuil, 1983, Voir, son chapitre « Politique et parricide dans

par ailleurs distincts: professionnel, politique et personnel. Véritable « recherche du temps perdu », cette autoanalyse de Freud à travers la présentation de ses rêves,[57] va de pair avec l'exposé implicite d'une crise politique, qui sévit presque en permanence, de la montée de l'antisémitisme et des frustrations professionnels qu'elle engendre.

Quand à l'âge de quarante cinq ans, Freud fut nommé tardivement *privatdozent*,[58] il présenta sa promotion à Fliess, dans un style parodique, la comparant à un triomphe politique :

L'Interprétation des rêves » p. 177-196 ; ainsi que « politique et psyché : Schnitzler et Hofmannsthal » (p. 21-37).

[57] Sur les deux cent vingt-trois rêves rapportés, quarante-sept sont les siens et les cent soixante-seize proviennent, soit de ses patients, soit de son entourage. C'est pour des raisons de commodité, liées à la nature d'un exposé écrit, que Freud choisit de raconter ses propres rêves comme matériau de travail, même si cela implique nécessairement une discrétion par rapport à tout ce qui a trait à sa vie intime et aux membres de sa famille. Le rêve de « l'injection faite à Irma » en sera l'exemple inaugural et l'un des plus importants du livre, commenté en treize pages par Freud et repris des dizaines de fois par des psychanalystes de toute obédience. Comme l'autoanalyse de Freud, il devint un mythe, tenant la place en quelque sorte d'un « roman familial » des origines et de l'histoire de la psychanalyse elle-même.

[58] Il s'agissait d'un titre universitaire de tradition allemande. Il désignait les enseignants qui avaient rédigé et obtenu une habilitation, mais qui n'avaient pas encore reçu une chaire d'enseignement ou de recherche. Pour cette raison, le *privatdozent* ne recevait aucune rémunération de la part du gouvernement. Cependant, c'était un passage obligé pour obtenir une chaire.

« L'approbation du public m'est acquise. Vœux et envois de fleurs pleuvaient, comme si le rôle de la sexualité avait été soudain découvert officiellement par Sa Majesté, la signification des rêves confirmée par le Conseil des ministres et la nécessité d'une thérapeutique psychanalytique de l'hystérie reconnue par le Parlement à la majorité des deux tiers. »[59]

A l'époque, la réalité de la vie politique était à l'image inversée de celle du Parlement imaginaire de Freud. La paralysie qui régnait était telle que le *Reichstrat* autrichien aurait été incapable de trouver une majorité simple, sans parler des deux tiers, pour légiférer en quelque domaine que ce fût.

Dans cette même lettre pourtant, adressée à Fliess, Freud laisse transparaître un sentiment de culpabilité, lié à sa soumission aux autorités, au fait qu'il a enfin décidé de « rompre avec ses scrupules » pour « faire ce qu'il fallait » auprès de ses supérieurs :

« J'ai appris que notre Vieux monde est régi par l'Autorité, comme le Nouveau par le Dollar. J'ai fait mes premières courbettes à l'Autorité et puis donc en espérer une récompense. »[60]

---

[59] Lettre du 11 mars 1902 à Fliess, in Sigmund Freud, *la Naissance de la psychanalyse*, Paris, PUF, 1991, p. 306. Les fameux mots d'esprit de Freud traduisent, tout comme les rêves, les actes manqués et les symptômes, des désirs refoulés, en les « réalisant » d'une manière insolite tout en révélant en même temps la « solution » du problème.

[60] *Ibid.*, p. 306.

La promotion tant attendue de Freud et retardée par la « conjoncture du moment », cette réussite, élevée par sa plaisanterie au rang d'un triomphe politique, n'était pas moins « illégitime » ; « rabaissée » par sa conscience à un délit moral.

Freud appartenait, en fait, au groupe le plus menacé par les forces nouvelles : celui des juifs libéraux viennois qui voyaient avec anxiété l'arrivée au pouvoir de la nouvelle droite. La victoire aux élections municipales de 1895 de Karl Lueger, qui cantonnait son antisémitisme à la dénonciation du libéralisme et du capitalisme, créa une situation politique inextricable qui sonna le glas du libéralisme viennois. Face au nihilisme social et au déferlement de la haine, les fils de la bourgeoisie sentaient qu'ils n'avaient d'autre choix que de rejeter les illusions de leurs pères et d'exprimer d'autres aspirations.

Si celles de Freud nous sont connues à travers son œuvre et ses choix de vie, nombreux de ses contemporains ont exprimé les leurs par des chemins différents : rêve d'une terre promise (revendication d'un État juif) chez Theodor Herzl (1860-1904),[61] déconstruction du moi chez Hugo von Hofmannsthal (1874-1929) dans *La Lettre à Lord Chandos* de 1902, ou pire encore, suicide, reniement ou conversion, chez les intellectuels habités par « la haine de soi juive » dont Karl Kraus (1874-1936) pourrait être un

---

[61] HERZL, le visionnaire, a exposé la dynamique de sa politique dans un texte remarquable (*Tagebücher*, Berlin, 1922, t.1 p. 398-399) où il évaluait le poids des réalités sociales et l'impuissance des libéraux à transformer le monde.

des représentants notoires.[62] Otto Weininger (1880-1903) dont il était proche, était le fils d'un artisan d'art juif, mais a renié lui aussi sa judéité, ayant fait siennes les thèses antisémites de Houston Stewart Chamberlain (1855-1927), gendre de Richard Wagner (1813-1883) et théoricien de la supériorité de la « race allemande ». En 1902, il se convertit au protestantisme et un an plus tard publia *Sexe et caractère*, véritable manifeste de la théorie de la bisexualité et de la haine des femmes et des juifs. Le 3 octobre de la même année, il s'est suicidé en se tirant une balle dans le cœur, dans une chambre louée où était mort Beethoven, son musicien préféré.[63]

Parmi les écrivains et auteurs dramatiques viennois, Arthur Schnitzler, dont Freud se sentait si proche qu'il le considérait comme son « confrère » ou son « double », est certainement celui qui a le plus

---

[62] Journaliste, écrivain et polémiste, on lui doit quelques aphorismes célèbres, comme : « la psychanalyse est cette maladie de l'esprit dont elle se considère elle-même le remède ». Pour ces questions, Voir, « Karl Kraus », numéro spécial de la revue *L'Herne*, 1975, ainsi que Jacques LE RIDER, *Modernité viennoise et crises de l'identité*, [1990], Paris, PUF, 1994.

[63] Freud lui-même considérait Weininger comme l'exemple même du névrosé, entièrement dominé par les complexes infantiles dont le complexe de castration, qui constitue selon lui la racine inconsciente de l'antisémitisme mais également du mépris pour les jeunes femmes. Sur Otto Weininger, Voir, E. PORGE, *Vol d'idées ?*, Paris, Denoël, 1994 où il est question de l'affaire du double plagiat déclenchée par Fliess contre Freud, Weininger et Swovoda. Voir aussi J. LE RIDER, *Le cas Otto Weininger. Racines de l'antiféminisme et de l'antisémitisme*, Paris, PUF, 1982.

exploré la relation entre les stratégies intimes de la psyché et l'immersion dans l'histoire collective.

Le combat personnel de Freud contre la réalité politique et sociale de l'Autriche, transparaît clairement, quoique indirectement dans *L'Interprétation des rêves*, à la manière d'un Saint Augustin qui inclurait ses *Confessions* « dans la trame de la *Cité de Dieu* » ou d'un Rousseau « faisant de ses *Confessions* une histoire subliminale au cœur du *Discours sur l'inégalité*. »[64] L'attention de l'historien de la psychanalyse est donc attirée par les différents éléments qui ordonnent les rêves et qui renvoient au passé reculé de l'enfance, mais également à la réalité du présent et à la grave crise que Freud a traversé dans les années 1890.[65] Les frustrations et tout ce qu'il considérait comme des échecs depuis le début sa carrière, l'ont conduit à une attitude de désespoir et d'amertume manifestes. Le

---

[64]Je ne peux qu'adopter les très belles comparaisons de Schorske pour qualifier la manière dont Freud écrit *l'Interprétation des rêves*. Voir, *op. cit.*, p.179.

[65] Cf. à ce sujet l'ouvrage de référence de Didier ANZIEU, *L'Autoanalyse de Freud et la découverte de la psychanalyse*, 2 vol., Paris, PUF, 1975 ; 3e édition refondue en un vol., Paris, P.U.F., 1988. La préoccupation majeure de l'auteur concerne la psychanalyse du génie créateur et offre un exemple précieux de l'inséparabilité de la théorie psychanalytique d'avec l'histoire de la production de ses concepts et donc de ses auteurs. Tout récit, lettre ou texte autobiographique de Freud se confond avec celui de la création de la psychanalyse. Pourtant « la vérité biographique » n'existe pas selon Freud, comme l'auteur s'oblige inévitablement aux mensonges et aux secrets. (Voir, la lettre à A. Zweig du 31 mai 1939.)

fait surtout qu'il lui a fallu attendre dix-sept ans, au lieu de huit à peu près, pour être nommé titulaire d'une chaire à l'Université, a porté à son comble son isolement intellectuel et le malaise qu'il ressentait à l'égard de cette société autrichienne. Sa défense face à ces frustrations fut une retraite sociale et intellectuelle qui lui a en même temps donné la possibilité d'une grande fécondité scientifique. Depuis 1896, il s'était affilié au *B'nai B'rith*, l'organisation fraternelle juive, qui l'avait discrètement accueilli comme homme de science, en respectant son travail et sans jamais chercher à le contrôler ou à le critiquer. A cette même époque, en 1896, la mort de son père, événement qu'il considérait comme « le plus marquant, la perte la plus poignante dans la vie d'un homme », est venue aggraver la crise provoquée par l'échec professionnel, le doute de soi-même et la culpabilité concernant ses « courbettes à l'autorité ». Les rêves de cette période, comme la très célèbre « injection faite à Irma », ou le « rêve de l'oncle à la barbe jaune » en témoignent. Dans le troisième des rêves racontés, celui de la « monographie botanique » Freud met en scène son père, en exprimant sa gêne face à l'attitude hostile de ce dernier, vis-vis de la boulimie livresque de son fils, gêne et frustration qui pourrait être comprise comme symétrique à celle ressentie par l'hostilité, envers lui, de l'intelligentsia autrichienne.

En août 1898 Freud fit ce qu'il appela « un rêve révolutionnaire » à un moment où la politique tenait encore le devant de la scène.[66] Le jour de son rêve, Freud partait en vacances avec sa famille à Ausee. Tandis qu'il attendait son train, il reconnut sur le quai le comte Thun qui était en route pour la résidence d'été de l'empereur à Ischl, afin de conclure les accords économiques préliminaires austro-hongrois, connus comme les accord d'Ischl. Le comte n'avait pas de billet mais écarta le contrôleur et s'installa dans un compartiment luxueux. Le « rêve du train » met en scène, à partir de ces restes diurnes, une réunion universitaire pendant laquelle Freud et Thun s'affrontent violemment, suite aux propos méprisants du comte, tournant en dérision les nationalistes allemands et l'activité militante des étudiants.

Freud s'identifiait dans son rêve à Adolf Fischhof, étudiant en médecine qui fut l'un de ceux qui ont contribué au déclenchement de la révolution de 1848. Il mettait également en scène dans son rêve Viktor Adler, son camarade mais aussi rival à l'Université, qui en 1898 devint le chef de la social-démocratie autrichienne. Fischhof et Adler étaient l'exemple vivant qu'on pouvait être à la fois médecin et homme politique, possibilité que Freud avait toujours niée, quand il expliquait le choix de sa profession et l'abandon de ses ambitions politiques, après avoir renoncé à ses études de droit. Analysant ce rêve, Freud insista plus sur une « manie de grandeur depuis longtemps réprimée » que sur son

[66] Carl SCHORSKE décrit en détail le climat politique et les événements marquants de cette année, in, *op. cit.*, p. 187-188.

courage civique.[67] Mais là où il décida de centrer son analyse, c'était la dernière séquence de celui-ci, où son père entrait en scène, comme un vieillard aveugle et impotent à qui son fils tendait un urinoir. Après avoir relaté deux épisodes de son enfance où son père l'avait réprimandé pour avoir uriné en présence de ses parents (avec les paroles humiliantes « Ce garçon n'est bon à rien ») le Dr Freud adulte renverse la situation, en aidant son faible père mourant, en lui disant, comme Freud le commente : « tu vois, je *suis* quand-même *devenu* quelqu'un. » Le père remplace le Premier ministre Thun sur le quai et la victoire sur le père remplace sa victoire sur la politique.[68] Freud commente ainsi cette scène dans une note en bas de page :

« L'attitude rebelle et frondeuse symbolise la révolte contre l'autorité paternelle. On dit que le prince est le père du peuple. Le père est l'autorité la plus ancienne, la première ; il est pour l'enfant l'autorité unique. Tous les autres pouvoirs sociaux se sont développés à partir de cette autorité prioritaire (avec la seule réserve du matriarcat). »[69]

---

[67] Cf. tous les autres détails du rêve racontés par SCHORSKE, in *ibid.*, p.
188-191.

[68] Schorske parlera de « parricide » en référence à cette partie du rêve.

[69] Extrait de *l'Interprétation des rêves*, cité par SCHORSKE, *Ibid*, p. 191, qui donne aussi la référence complète.

B. Réalité psychique et réalité matérielle

Le problème de la réalité psychique en psychanalyse et son opposition à la réalité matérielle ou factuelle, telles que Freud les a définies, est loin d'être un problème d'ordre uniquement théorique et philosophique. C'est une question qui traverse et remue le champ de la psychanalyse, depuis ses origines et touche au problème de sa transmission et de son histoire. Soyons un peu plus précis: parmi les passages de la correspondance de Freud à Fliess qui ont été censurés dans les premières éditions, il y a une petite phrase extraite du célèbre poème de Mignon : « Connais-tu le pays des citronniers en fleur ? » qui se trouve dans le Wilhem Meister de Goethe : « Was hat man Dir, Du armes Kind getan ? »[70]Cette citation qui vient à la suite d'un cas, censuré lui aussi, d'un très jeune enfant victime d'un père pédophile est toujours à l'heure actuelle absente de la traduction française. (Lettre du 22 décembre 1897)

Simone Korff-Sausse qui relate cela dans un article intitulé « la mémoire en partage » parle de la « difficulté des psychanalystes à intégrer dans leur pratique et leur théorie les situations cliniques qui comportent cette dimension d'une réalité traumatique, qu'elle soit biologique (les maladies somatiques, les handicaps d'origine organique), historique (les traumatismes de guerre) ou

[70] « Qu'as-tu donc pauvre enfant ? et qu'ont-ils fait de toi ? »

économique (les patients en situation de précarité sociale). »[71]

Le piège dans lequel est tombé Masson avec son fameux livre qui a fait tant de bruit : « Le réel escamoté » (*The assault on truth*)[72] guette en effet tous ceux qui opposent sans cesse « réalité psychique » (ou « vérité historique » dans le sens de Freud, qui assimile les deux) et « réalité matérielle », au lieu d'envisager l'articulation certes complexe mais indispensable entre les deux. Simone Korff-Sausse remarque à juste titre que cette logique de l'un, à l'exclusion de l'autre, aboutit à deux positions extrêmes : d'un côté on choisit de privilégier l'illusoire reconstruction d'une vérité historique (au sens des historiens cette fois-ci) au détriment de la participation fantasmatique du sujet ; de l'autre, il s'agit d'avantager le fantasme aux dépens de toute réalité « extérieure » ou d'ordre sociohistorique.

Sa pratique de psychanalyste l'ayant souvent confrontée à ce problème, elle n'hésite pas à admettre que la mise entre parenthèses de la réalité extérieure exigée par la rigueur analytique :

« risque d'évacuer du champ analytique des pans entiers de l'existence de certains patients, au nom d'un idéal du moi professionnel, qui finit par

[71] Simone KORFF-SAUSSE, « La mémoire en partage », *Revue française de psychanalyse*, janvier 2000, p. 97.

[72] Jeffrey Moussaieff MASSON, *The Assault on truth,* [1984], New Work, Farrar, Straus & Giroux ; trad. française, *Le réel escamoté*, Paris, Aubier Montaigne, 1985.

faire fonction de dogme et dont les analystes n'osent plus s'écarter. »[73]

Nous pouvons nous référer, à ce sujet, à l'ouvrage de Rosine Crémieux, infirmière, dans lequel elle relate cinquante ans après sa déportation à Ravensbrück, son expérience concentrationnaire.[74] Elle y explique qu'elle a peu ou pas parlé de ce vécu au cours de ses analyses ultérieures, en précisant que l'intervention de l'analyste aurait été vécue pour elle comme une forme de persécution :

« D'ailleurs, j'aurais trouvé dérisoire et réductrice toute explication totalisante, je l'aurais vécu comme une agression. J'ai retrouvé chez les analystes anciens déportés le même agacement devant beaucoup de travaux théoriques explicatifs. Et plus particulièrement lorsque ceux-ci faisaient appel aux figures parentales de l'enfance, à l'introjection d'un Surmoi parasite. Je fais une exception pour quelques travaux d'auteurs qui ont vécu une telle expérience de l'intérieur. Comme si un mur existait toujours, difficile à franchir. »[75]

Simone Korff-Sausse, en commentant ce passage, remet en question « ce mur difficile à franchir » et soutient que si l'on considère que seules

---

[73] Simone KORFF-SAUSSE, *op. cit.*, p. 98.

[74] Cf. aussi l'ouvrage d'un analyste qui raconte ce qu'il a vécu à Auschwitz : Louis J. MICHEELS, *Docteur 117641 : une mémoire de l'holocauste*, trad. française de Catherine Wieder, Paris, Les Belles Lettres, 1990.

[75] Rosine CREMIEUX, et P. SULLIVAN, *La Traîne-sauvage*, Flammarion, Paris, 1999, p. 117, cité par Simone Korff-Sausse, *op. cit.*, p. 107.

les personnes qui ont vécu les mêmes événements traumatiques pourraient les comprendre, on ne fait que renforcer ce mur :

« Je soutiendrai l'idée contraire : c'est celui qui n'a pas connu la même expérience qui peut se mettre à l'écoute de l'expérience traumatique. Ni celui *qui est trop loin, ni celui qui est trop près* ne peuvent entendre l'expérience singulière de la personne qui a subi l'épreuve. »[76]

Mais malgré sa protestation contre les « fausses alternatives » des analystes, elle ne peut pas ne pas admettre que :

« le souvenir du trauma ne peut en aucune façon être considéré comme la reconstruction d'une vérité historique, mais doit être traité comme un souvenir écran ou un rêve ou une perception hallucinatoire. »[77]

Bion ira jusqu'à dire dans ses *Cogitations*, publiées en 1967, que l'effort conscient et délibéré de la part de l'analyste d'une remémoration de ce qui s'est « réellement passé » est à bannir de la séance d'analyse, ce qui suppose un analyste « sans mémoire et sans désir ».

Au delà de cette position qui a certes besoin d'être nuancée, nous pouvons constater que le thème

---

[76] *Ibid.*, p. 107. C'est nous qui soulignons.

[77] Simone SAUSSE se réfère à César BOTELLA et Sara BOTTELA et leur article « Notes cliniques sur la figurabilité et l'interprétation », *Revue française de psychanalyse*, n° 3, p. 765-776, cité dans « La mémoire en partage », *op. cit.*, p. 111. Je remarque pourtant qu'elle parle ici d'une « vérité historique » dans le sens des historiens et pas celui des psychanalystes.

de la mémoire, tant individuelle que collective ne cesse de hanter histoire et psychanalyse et leurs implications juridico-politiques. L'histoire du sujet, au sein de la grande Histoire, tout comme les attitudes collectives face à celle-ci, et l'impact en retour de cette dernière sur le(s) sujet(s), sont si proches, que le risque de passer de l'un à l'autre *via* des raccourcis douteux sur le plan épistémologique est bien réel. Or nous ne pouvons pas parler de l'un sans parler de l'autre. D'autant plus que des questions cruciales, comme la critique du témoignage et sa fiabilité, qui met en balance la confiance et le soupçon, concernent de près psychanalystes et historiens, mais aussi juristes et criminologues, puisque ce sont des crimes contre l'humanité dont il s'agit et nous trouvons là l'illustration la plus éclairante de l'articulation entre l'individuel et le collectif qui nous a préoccupés pendant le chapitre précédent.

Le spectre du négationnisme étant toujours d'actualité, les témoignages de la Shoah commencent à constituer d'immenses banques de données par l'archivage multimédia de la parole des survivants. Or ce qui est connu désormais comme l'affaire Benjamin Wilkomirski alimente l'argumentation des négationnistes d'une manière effroyable. Son livre *Fragments*, publié en 1997, relatant les souvenirs d'un tout petit enfant ayant survécu au génocide, eut un succès retentissant, fut traduit dans un nombre considérable de langues et reçut de nombreux prix, dont celui du *London Jewish Quaterly*, le prix de la *Mémoire de la Shoah* à Paris et le *National Jewish*

Award à New York. Tous ces prix ont été attribués à une autobiographie et un témoignage poignant. Mais en septembre 1998, tout a basculé. Daniel Ganzfried, un journaliste juif suisse, auteur d'un livre sur l'holocauste fit paraître dans la *Weltwoche* deux articles retentissants. Après une longue enquête, il a découvert que l'auteur s'était construit une fausse identité et n'avait présenté qu'une œuvre de fiction. Un des amis de Wilkomirski, le psychologue israélien Elitsur Bernstein a confié à Philip Gourewitch qui faisait des recherches sur le « cas Wilkomirski » :

« Ce que je vis alors était un vrai cas de psychotique. Il était totalement incapable de faire le partage entre la réalité et la non réalité, entre les images du dedans et les images du dehors. »[78]

B. Wilkomirski lui-même confia à Ph. Gourewitch :

« J'ai écrit ces souvenirs tels qu'ils apparaissent dans la mémoire d'un enfant. C'est tout. Après cela, si des gens prennent ce livre comme s'il avait été écrit par un adulte, expert en holocauste, c'est stupide de leur part. C'est leur problème, pas le mien. »[79]

Pourtant, ce qui a rendu *Fragments* possible et a transformé ses fantasmes en « véritables souvenirs », c'était un certain milieu

---

[78] Philip GOUREWITCH, « The Memory thief », *The New Yorker*, 4 juin, 1999, p. 51-52. Le livre de Wilkomirski a été retiré des maisons d'édition mais son biographe a décidé de le publier à nouveau avec un « avertissement ».
[79] *Ibid.*, p. 52.

psychanalytique qui, selon Régine Robin, « lui implanta des souvenirs plus vrais que nature ».[80] Les lectures révisionnistes de Freud, qui remettent en question la notion de fantasme, ont donné lieu à la mise au point de la *Recovered Memory therapy* (RMT), afin de traiter les symptômes d'individus qui auraient été abusés sexuellement dans leur enfance. Ces thérapies, qui proposent de retrouver les souvenirs des agressions sexuelles subies, proposent de faire un procès aux auteurs présumés de ceux-ci. Ce problème, explosif aux États Unis à l'heure actuelle, a provoqué la contre-attaque de tous ceux qui partent en guerre contre le *False memory syndrome*.[81] Nous nous trouvons là au cœur d'un problème d'une intensité dramatique, qui ne cesse de défrayer la chronique, depuis les affaires de pédophilie actuelles, jusqu'à ces témoignages censés construire l'Histoire.

Mais pour reprendre le fil de ma pensée et de relier ces considérations actuelles avec la vieille tradition qui les précède, je ne peux que constater que celle-ci semblait mieux assumer la tension entre vérité et fiction. Même si les alternatives exclusives ont toujours existé, elles font aujourd'hui irruption dans notre vie avec des conséquences parfois effroyables.

[80] Régine ROBIN, « entre histoire et mémoire », in *L'Histoire entre mémoire et épistémologie. Autour de Paul Ricœur*, Jacques Scherrer éditeur, Editions Payot Lausanne, Nadir s.a., 2005, p. 67.

[81] *Ibid.*, p. 67-68.

Dans le passé, il n'y pas que les psychanalystes qui se méfiaient des faits de mémoire, si proches de constructions fantasmatiques. Les historiens, malgré ce « devoir de mémoire » dont on parle tant aujourd'hui et contrairement à la conception antique d'une histoire, héritière « savante » de la mémoire, ont souvent perçu celle-ci comme un obstacle. Ils ont été encouragés et confirmés dans cette idée, comme nous l'avons vu, par des philosophes, des scientifiques et des romanciers. Descartes, Galilée, Francis Bacon, Pascal, pour ne citer que quelques noms, ont considéré l'histoire comme indigne d'estime, à cause de son lien avec la mémoire. Ils ont appelé, non sans mépris, les historiens, « les docteurs de la mémoire » et ont considéré leur discipline comme une forme de pensée autoritaire, inévitablement soumise au principe de la tradition. Le même reproche, a été adressé aux historiens, de la part d'un certain nombre de romanciers et philosophes de la fin du XIXe et du début du XXe siècle comme Eliot, Ibsen, Gide, Sartre, qui ont vu dans la conscience historique une entrave à la compréhension profonde de l'expérience humaine. L'héritage de Nietzsche semble dans ce sens particulièrement pesant, avec sa critique de l' « histoire monumentale » et de l' « histoire antiquaire » et traditionaliste, d'une vie « bien enracinée ». L'image en effet si suggestive des « racines » comporte une tâche aveugle : « l'arbre sent ses racines plus qu'il ne peut les voir. » L'« histoire critique » par contre, rend possible selon Nietzsche, le détachement par rapport au passé et la capacité de « ruptures instauratrices », pour faire appel encore une fois à Michel de Certeau.[82] Au cours du XIXe siècle, la transformation de la discipline historique, de science morale à science humaine ou science sociale, ayant comme modèle les sciences soi-disant exactes, n'a pas, sans doute, facilité les rapports de l'histoire avec la mémoire. Le vingtième siècle, a même signé la fin de l'histoire-mémoire. Mais cela tend à changer profondément au cours des dernières décennies. Comme Pierre Nora l'a souligné, il y a eu une sorte de révolte de la mémoire collective contre ce qui apparaît comme une tentative de mainmise sur son culte du souvenir. Mais il n'y a pas que cela. En exprimant le besoin de ne pas oublier le passé, on exprime désormais le besoin de rappeler le mal, qui durant notre siècle a atteint des proportions inédites. Autrefois, les hommes mettaient par écrit les exploits de leurs ancêtres, pour sauvegarder les moments les plus glorieux de leur histoire. Aujourd'hui c'est la honte et non plus la fierté qui est à l'origine de ce « devoir de mémoire », d'autant plus que nous devons faire face à une série de manipulations du passé et à la distorsion délibérée des témoignages historiques.[83] Mais une menace plus grave encore nous guette,

---

[82] Evangelos MOUTSOPOULOS, « L'Histoire comme tradition : acceptation et dépassement », *Actes du XVIIe Congrès des Sociétés de Philosophie de Langue Française*, Abidjan, 1977, p.141-143.

[83] Cf. Yosef hayim YERUSHALMI, *Usages de l'oubli*, Paris, éd. du Seuil, 1988. Ce dont on parle ici se distingue biensûr radicalement du cas Wilkomirski.

celle qui consiste dans l'excès de souvenir,[84] souvenir que certains cultivent avec délectation morose, tandis que d'autres le fuient avec mauvaise conscience. Le *trop de mémoire* ici, le *trop peu de mémoire* là relèvent de la même compulsion de répétition, car toutes les deux souffrent du même déficit de critique.

C'est dans cette perspective que Paul Ricœur oppose au « devoir de mémoire », notion plus politique que philosophique, le « travail de mémoire », en transposant au plan de la mémoire collective et de l'histoire les catégories pathologiques proposées par Freud.[85] Défenseur de la mémoire, ou plus exactement de la possibilité d'une « mémoire heureuse », envisagée dans sa grandeur cognitive et pas seulement à partir de ses dysfonctionnements, il est pourtant très attentif à ce qu'il appelle les « abus de la mémoire » dont il propose une véritable typologie. La première catégorie d'abus, selon P. Ricœur, concerne les troubles d'une « mémoire empêchée », car blessée et malade. Le point de départ pour l'examen de ce genre d'abus est représenté par les deux textes de Freud, *Remémoration, répétition, perlaboration* (1914g) et *Deuil et mélancolie* (1916-17g[1915]) et consacrés à

---

[84] Cet excès de souvenir, illustrée dans la littérature par la célèbre fable de J. L. BORGES, sous la figure de Funes *el memorioso*, tout autant que les censures ou même oublis « commandés » comme c'est le cas de l'amnistie, conduisent Ricœur à envisager l'idée non moins problématique d'une « politique de la juste mémoire ».

[85] *Voir, La Mémoire, l'histoire, l'oubli*, Paris, Le Seuil, 2000. p. 82-97.

l'analyse de la « compulsion de répétition », qui conduit le sujet à substituer au souvenir qui fait défaut, la répétition. La réconciliation avec le passé passe nécessairement par un « travail de mémoire » qui implique le travail du deuil, un travail « coûteusement » libérateur, qui se situe à l'opposé symétrique de la compulsion de répétition.

P. Ricœur pense que la seule objection à cette transposition qu'il propose c'est « l'absence de thérapeutes reconnus dans les rapports interhumains.» Mais ne peut-on pas affirmer, dit-il, que dans ce cas, c'est l'espace public de la discussion qui constitue l'équivalent de l'« arène » (à savoir le transfert) comme région intermédiaire entre le thérapeute et l'analysant ?[86]

A cet égard, Ricœur ajoute que le travail de la mémoire dans l'espace public de la discussion doit être fondé sur l'équité, afin de surmonter l'alternative proposée par T. Todorov entre la vérité et le bien.[87] L'exercice de la mémoire et sa revendication véritative peut souvent encourager la prétention à s'installer dans la position de victime, en mettant le reste du monde dans la position de débiteur de créances. De la même manière, la volonté de rétablir la paix civique et la réconciliation entre citoyens,

---

[86] *Ibid*, p. 95

[87] Tzetan TODOROV souligne que « le travail de l'historien ne consiste jamais seulement à établir les faits mais aussi à choisir certains d'entre eux comme étant les plus saillants[…] ; or ce travail de sélection et de combinaison est nécessairement orienté par la recherche, non de la vérité, mais du bien. » (*Les abus de la mémoire*, Paris, Arléa, 1995, p. 150)

donc l'idée d'une justice sociale, peut conduire à ce que Ricœur appelle l'« oubli commandé » dont l'amnistie, en tant qu'« oubli institutionnel » constitue le paradigme. Le plus ancien est certainement celui rappelé par Aristote dans *La Constitution d'Athènes* et tiré du fameux décret promulgué à Athènes en 403 av. J.-C., après la victoire de la démocratie sur l'oligarchie des Trente. Nicole Loreau lui consacre un livre entier. [88] Le décret interdit de « rappeler les maux » (*mnnisikakein*), et en même temps impose un serment, qui reprend les mêmes termes, prononcé nominativement par chaque citoyen : « je ne rappellerai pas les maux », sous peine de malédictions déchaînées par le parjure. L'Édit de Nantes, promulgué par Henri IV, constitue un autre exemple, qui concerne la France cette fois-ci. Dans l'article premier on lit ceci :

« Premièrement, que la mémoire de toutes choses passées d'une part et d'autre depuis le commencement du mois de mars 1585 jusqu'à notre avènement à la couronne, et durant les autres troubles précédents, et à l'occasion d'iceux, demeurera éteinte et assoupie *comme de chose non advenue*. Il ne sera loisible ni permis à nos procureurs-généraux ni autres personnes quelconques, publiques ni privées, en quelque temps ni pour quelque occasion que ce soit,

---

[88] Nicole LOREAU, *La cité divisée. L'oubli dans la mémoire d'Athènes*, Paris, Payot, 1997.

en faire mention, procès ou poursuite en aucune cours ou juridiction que ce soit. »[89]

Mais l'idée de justice n'implique pas l'effacement ou la mise à l'écart de la vérité. Elle implique, au contraire, l'introduction de la justice dans la notion de vérité, qu'une recherche étymologique aurait particulièrement mis en évidence.[90] La philosophie attire ici notre attention sur la dimension éthique de cette recherche, que la psychanalyse a volontairement négligée, mais à laquelle elle ne peut pas se soustraire. La notion de justice ne doit pas donc remplacer celle de la vérité, mais elle doit jouer un rôle de sélection fédérateur dans les faits.

Ces questions sont d'une inépuisable richesse, mais également d'une complexité telle, qu'il paraît indispensable de faire souvent appel à plusieurs spécialistes ainsi qu'à des notions venant d'horizons différents. Mon objectif doit rester humble. Je ne peux faire qu'un « état des lieux » critique afin de

---

[89] Cité par Paul Ricœur in *La Mémoire, l'histoire, l'oubli, op. cit.*, p. 587. C'est moi qui souligne. L'expression « comme une chose non advenue » souligne le côté « magique » de l'opération, véritable « annulation rétroactive », pour me référer au vocabulaire proprement psychanalytique, misant la réalité même des actes. Cf. également l'ouvrage remarquable sous la direction de Stamatios Tzitzis, *La Mémoire, entre silence et oubli*, Les presses de l'Université de Laval, coll. Intersophia, 2006

[90] Cf. à ce sujet, mon article : « La question de la vérité historique a-t-elle une forme spécifique en histoire de la psychanalyse? »*Topique*, 2007, 98, p. 49-61.

poser les fondements d'une poursuite de dialogue qui ne fait que commencer.

On peut cependant remarquer, puisqu'il est nécessaire de conclure, combien psychanalystes, historiens, juristes et criminologues auraient à gagner à travailler ensemble, après plusieurs années de distance et d'hostilité. Tout en reconnaissant ce qui les sépare, j'ai voulu mettre en relief ce qui pourrait rendre les uns indispensables aux autres. Et quant à l'éternelle question de l'objectivité ou de la validité de leurs constructions ; c'est vers les historiens confrontés à la psychanalyse que je vais me tourner :

« Historien et psychanalyste répondent qu'ils éprouvent la conviction, le *Wirlichekeitgefül,* le sentiment du vrai que ce qu'ils ont élaboré, bien qu'étant du côté du subjectivisme, possède les *qualités* d'une vérité objective ».[91]

Paul Ricœur parle à ce sujet d'une histoire nourrie par ce qu'il appelle « une bonne subjectivité ». L'opposition entre subjectivité et objectivité qui prend des allures d' « opposition d'école » oublie que l'opération historiographique est une série d'actes interprétatifs complexes[92] qui

---

[91]Claude JANIN, Psychanalyse, histoire, temps: questions de méthodes, in *Construire l'Histoire, Monographies de la Revue française de Psychanalyse*, PUF, Paris 1998, p. 158.

[92] L'opération historiographique est définie par trois étapes ou phases, qui sont plus des moments méthodologiques imbriqués les uns aux autres que des « moments » au sens chronologique du terme : la phase documentaire en tant que « mémoire archivée », la phase de l'explication/compréhension et la représentation historienne, définie par l'achèvement scripturaire, même si celui-ci demeure provisoire.

cherche à clarifier des zones d'ombre, tout en cherchant à doter l'interprétation d'arguments plausibles, fondés sur la recherche documentaire. Elle doit aussi nécessairement prendre en compte les nombreuses controverses et accepter l'existence d'un fond opaque, impénétrable, cette « inquiétante étrangeté » de l'histoire, qui nécessairement dérange ou résiste à nos interprétations. Cette « bonne subjectivité » n'est pas un état de grâce, mais un acquis jamais définitif, au bout d'un long parcours de travail, parfois passionnant, parfois fastidieux, ce qui implique aussi que la tension vers la vérité n'est pas démentie par le caractère temporaire et inachevée de la connaissance historique.

Mon travail n'est qu'un commencement, dont les prolongements sont déjà imposés par la réflexion sur l'irrésistible montée actuelle du phénomène mémoriel, de cette « ère de la commémoration », accompagnée par le retour du sujet, de la conscience, du politique, contre la totalité ou la longue durée, pour qualifier le temps qui est le nôtre. Mon objectif à long terme se situe dans cette perspective.

III. LE CHAMP DES PRATIQUES

A. Du bon usage des crises

Ce terme de crise fait peur, déconcerte, inquiète. Et pour cause: il nous renvoie à l'idée de conflit, de paroxysme, de changement décisif, mais aussi, et c'est là le paradoxe, à celle de stagnation, de marasme, de faillite. Comment ces deux conceptions peuvent-elles coexister? Qu'est-ce qui pourrait bien rapprocher la crise des banlieues et la crise de Wall Street ou celle du pétrole? Comment donc appréhender côte à côte une crise d'asthme et la crise du logement ou une crise d'...enthousiasme? Et la crise de l'adolescence ou de la ménopause?

Si le lexicographe est peut-être ravi devant une telle déferlante d'exemples, qui passe avec allégresse d'un niveau à l'autre et qui juxtapose des domaines aussi hétérogènes que les phénomènes socio-économiques et les manifestations émotives soudaines d'un individu, le commun des mortels se trouve devant des apories embarrassantes. Le médecin viendrait peut-être à ce moment là à sa rescousse, en lui rappelant l'origine médicale du terme, qui désignerait la phase aiguë d'une maladie, en tant que « changement subit et généralement décisif en bien ou en mal » ou encore un « accident qui atteint une personne en bonne santé apparente » mais également une « aggravation brusque d'un état chronique (*Le Grand Robert*, 1990).

Le paradigme médical est, avouons-le, pertinent. Je pourrais en trouver d'autres. Mais il me semble que tout commence par là, et, de même que

Thucydide s'en sert très habilement dans son *Histoire de la guerre du Péloponnèse* pour faire, à partir de « symptômes », ceux de la guerre en l'occurrence, un diagnostic et un pronostic, de même, Charles Gide y a recourt pour expliquer ce qu'est une crise économique. Pour lui, les crises ne peuvent qu'être les maladies de l'organisme économique, de caractère périodique, ou irrégulières, courtes et violentes comme un accès de fièvre, ou lentes et chroniques comme des anémies. Elles peuvent être localisées dans un pays déterminé ou prendre des dimensions épidémiques et faire le tour du monde.[93]

Malgré ces connotations presque toujours négatives, notre ami médecin attirerait pourtant notre attention sur le fait qu'une crise est loin d'avoir toujours une issue fatale ou destructrice. Elle peut même être annonciatrice d'une guérison, et son déclenchement, cette phase qu'on appelle « critique», se révèle souvent salutaire. En poussant plus loin la comparaison, je dirais que ce qui fait peur, c'est plutôt l'inconnu qui se profile à l'horizon de ce changement brutal, et que la maladie non déclarée, avec cette impression de fausse accalmie et d'équilibre trompeur, ne faisait que reporter indéfiniment. Les crises sont là pour nous guérir de toutes nos procrastinations, pour nous faire sortir de toutes nos fausses sécurités. Voilà une occasion inespérée de réfléchir sur la fameuse « crise des valeurs » actuelle. N'est-elle pas le résultat de la

---

[93] Charles GIDE, *Cours d'économie politique*, t. I, Paris, Librairie de la Société du Recueil Sirey, 5e éd., 1919, p. 219.

dissolution de l'idée de Vérité (avec un v majuscule) au profit d'une vérité du sujet ?[94] Car quand on cherche les causes de ce déclenchement, qui produit une aggravation brusque, un profond malaise psychologique ou au contraire un dénouement heureux, c'est la passion d'un certain type de vérité qui se profile, la passion de la transparence et de la justice. Mais je ne souhaite pas opposer, en éternels chiens de faïence, les « anciens et les modernes ». Quand Thucydide dit que le « prétexte le plus vrai », (*aléthestatè prophasis*) quoique le moins mis en avant et le moins avoué (*aphanestatê logô*) de cette crise majeure qu'est la guerre, n'est pas l'empire athénien mais la *crainte* qu'il inspirait[95], la crise, comme le terme grec l'indique si bien (*krisis*), nous renvoie inévitablement à l'idée de jugement, ce qui implique inévitablement un certain discernement (*diakrisis*). D'où l'idée d'une décision, d'une

---

[94] Il convient de préciser ici que quand advient la vérité du sujet, c'est la sincérité et l'authenticité qui obtient droit de cité mais avec toutes les dérives et effets pervers que tout changement de paradigme implique: relativisme extrême, absence de projet sociétal commun, refus des règles et des principes qui régissent la vie en société.

[95] Les résonances actuelles de ces propos de l'historien Grec sont stupéfiantes. Ils nous rappellent que le sentiment d'insécurité en tant que mythe ou réalité fait partie des recherches actuelles et alimente campagnes présidentielles et débats passionnés. Voir à ce sujet, Michèle AGRAPART-DELMAS, (2001) *De l'expertise criminelle au profilage*, Paris, Favre, 2005, p. 150-153 ainsi que son article « Violence, agressivité et sentiment d'insécurité », *Personne et Responsabilité, Essais de philosophie pénale et de criminologie*, N° 3, 2001, p. 99-104.

clarification, d'un partage de responsabilités qui pourrait dégénérer hélas en un règlement de comptes, mais qui ne peut pas faire l'impasse sur l'idée d'une distribution de peines ou d'amendements. Dans ce sens, toute *krisis* devient « apocalyptique » dans son acception étymologique de « révélation ». Bref, la crise, c'est l'heure des révélations, des mutations nécessaires, des réparations à tous les niveaux douloureuse pour les uns, salutaire et libératrice pour les autres.

Voilà ce qui pourrait nous faire réfléchir sur la crise des banlieues, actuelle. La recherche lexicale et notionnelle a encore une fois articulé d'une manière, on ne peut plus transparente, l'articulation subtile du discours philosophique avec celui, socio-politique, qui secoue nos sociétés actuelles.

Mais cette conception d'abord médicale et ensuite « décisionnelle » de la crise, imposée par l'étymologie, me conduit à préciser qu'à la crise/*krisis* du malade répond la *krisis*/jugement du médecin ou du psychologue et par conséquent sa décision. Il faudrait donc insister plutôt sur ce couple indissociable, sans présomption du destin de la crise. En dehors du champ de la médecine somatique, chaque type de crise a son type de thérapeute. Dans le cas particulier de la crise existentielle décompensant une situation bloquée, le thérapeute, s'il est psychanalyste, il est présumé « muet », laissant le sujet trouver « sa » solution. En fait, il ne doit pas s'abstenir, car l'abstention peut s'avérer fatale dans certains cas. L'évolution favorable de la crise, ou son aspect bénéfique apparaissant dans l'après coup, ne sont ni prédictibles, ni indépendants de l'intervention thérapeutique. Mais dans le cas de la gestion des crises, au niveau social, c'est tout un arsenal de dispositifs qui est mis en place, des « protocoles d'intervention » et des cellules de crise où la psychanalyse semble impuissante et en tout cas en dehors de son domaine d'intervention. Il n'y a, encore une fois, que dans l'après-coup que son aide va se révéler utile ou dans le cadre de la réflexion de l'expert. Mais son rôle et sa contribution, plus implicites qu'explicites, ne sont jamais négligeables.

A ce stade de mon investigation, je ferai appel aux remarques et observations de Michèle Agrapart-Delmas sur le bon usage de la violence dans nos sociétés, en jetant en même temps un pont, dans une perspective limitée, sur ce à quoi cette étude va déboucher : la question de délinquance des mineurs.[96]

Michèle Agrapart recense avec clarté les différentes manières dont toutes les sociétés ont, de tous temps, canalisé la violence et l'agressivité. Tout

---

[96] Je rappelle, comme je l'ai explicité dans mon introduction, que si c'est la question de la délinquance des mineurs qui achève cette étude pluridisciplinaire, centrée sur l'histoire des idées et l'épistémologie, c'est pour des raisons d'ordre pratique et professionnelle. D'autres questions auraient pu être abordées en vue d'une approche psychanalytique ou philosophique des pratiques. Mes interventions, au sein de l'Ecole Nationale de la Protection judiciaire de la jeunesse, sur les intersections des disciplines concernées, ainsi que les discussions que j'ai pu avoir avec les étudiants à ce sujet, déterminent nécessairement mes choix thématiques à ce stade final de ma recherche. Je vais toutefois envisager cette question en parfaite continuité avec ce qui la précède.

en faisant la distinction nécessaire entre les deux termes, elle se réfère au concept psychanalytique de sublimation et s'interroge par exemple sur le rôle du sport à ce sujet.[97]

Mon but ce n'est pas de reprendre ici tous ces développements mais de prolonger, d'une façon sélective, la discussion sur ce point particulier. Selon Madame Agrapart, le sport tout comme la musculation, très populaire dans les prisons, souvent perçu comme un exutoire qui permettrait la canalisation des pulsions peut avoir, hélas, l'effet inverse ; et c'est ce que les études concernant les adolescents démontrent.[98] Quand ce qui est en jeu n'est pas la maîtrise de soi, impliquant une éthique, mais la destruction de l'adversaire, on peut supposer que ce que dit Hegel à ce propos[99] est significatif non

---

[97] Cf. son article, « Violence, agressivité et sentiment d'insécurité », *Ibid,* p. 102.

[98] Madame Agrapart explique, en se référant aux publications du prestigieux *Lancet,* et une thèse récemment soutenue, mais aussi à ses propres observations que quand il s'agit de sports d'équipe ou de combat valorisant la violence, les adolescents à risque deviennent encore plus violents qu'avant. Voir, *Ibid*, p. 102.

[99] Hegel avec sa fameuse dialectique du Maître et de l'esclave dans la *Phénoménologie de l'Esprit,* nous rappelle que le renoncement à détruire l'ennemi (le vaincu était toujours mis à mort initialement) est ce qui va permette d'en faire un esclave, en lui laissant la vie sauve. La « magnanimité » (les guillemets tiennent lieu de commentaire), au profit d'une relation d'emprise pendant l'Antiquité, aurait pu certainement être vécue autrement et sans ces effets jugés pervers même si je commets certainement le pêché d'anachronisme en parlant ainsi. Nos conceptions modernes, civilisées, doivent beaucoup

seulement d'un échec sublimatoire, mais surtout d'un manque de discernement et d'intelligence qui apporterait des bénéfices à long terme. Les sports individuels qui permettraient aux adolescents de se surpasser, mais également la subtilité des jeux, comme celle des échecs sont donc à privilégier.

Je souhaiterais mettre en parallèle ici les observations de Madame Agrapart au cours de ses expertises et celles de Freud qui ne font que se compléter et se confirmer mutuellement.

La question concernant la sublimation, un des « destins » de la pulsion, selon la métapsychologie freudienne, peut-elle concerner l'agressivité elle-même, au même titre que les pulsions sexuelles ? Est-ce que l'agressivité, en tant que pulsion de mort est susceptible d'être sublimée ?

De fait, la sublimation de l'agressivité est précisément un thème que Freud a rencontré de multiples fois dans son œuvre, sans jamais lui donner l'élaboration théorique à laquelle on aurait pu s'attendre, notamment après l'introduction de la pulsion de mort. C'est de là que Sophie de Mijolla-Mellor repart pour poser notamment la question de la relation difficile entre la sublimation et la pulsion de mort :

« Sublimer la pulsion de destruction implique que le processus sublimatoire s'applique non pas au

---

en effet à une vision chrétienne, plus spécifiquement paulinienne, où la seule « dette » mutuelle envisageable est celle de l'amour.

matériel libidinal attaché à Thanatos *mais à ce qu'Eros en fait.* » (C'est moi qui souligne)[100]

Pour qu'un véritable « changement » ait lieu, il faut en effet que la pulsion de mort puisse s'allier à celle de vie « car la destruction de l'ancien n'entre que pour une part dans l'activité de changement, qui suppose la présence, au moins virtuelle, de l'élément nouveau qui viendra s'établir sur les décombres. »[101]

Dans le domaine de l'Histoire, la « destruction » et la « construction nouvelle » sont rarement l'œuvre d'un seul acteur. Il s'agit d'habitude de deux processus successifs et dissociés. Mais dans le domaine des pulsions « si elles ne sont pas liés dès le départ, ce n'est pas à une activité de changement qu'on aura affaire, mais à une érotisation sadomasochiste de la pulsion de mort, se manifestant au contraire par le caractère prégnant de la répétition stérile. »[102]

« Répétition » mortifère, stérile et « récidive » ne sont elles pas en effet à placer dans le même registre ?

Quant aux activités culturelles, et je parle là du cas des adolescents en construction identitaire, elles ne pourraient qu'être encadrées par des éducateurs qui sont sensibilisés à ce genre de problématique et sont eux-mêmes aptes à offrir au jeune des issues

---

[100] Sophie de MIJOLLA-MELLOR, *Le Choix de la sublimation,* PUF, 2009, p. 186.

[101] *Ibid,* p.188.

[102] *Ibid.*

sublimatoires éventuelles, en tant que véritables « choix ».[103]

En tout cas, et sans pouvoir rentrer ici dans des détails, comme les thèses de la commission Varinard par exemple, concernant la délinquance des mineurs, force est de constater qu'une nouvelle philosophie pénale est en train d'émerger. Comme un retour de balancier, elle tend à évacuer les points forts du modèle thérapeutique, qu'il soit psychanalytique, systémique ou autre, en même temps que ses points faibles.

Conformément à tout ce que j'ai annoncé et élaboré tout au long de cette étude, je vais interroger les origines et les fondations, dans l'espoir de trouver quelques éclairages pour aujourd'hui.

Je tiens à me référer aux travaux de Danielle Milhaud-Cappe, avec qui je ne peux que me sentir en

---

[103] Je tiens à renvoyer ici au premier ouvrage de Sophie de MIJOLLA-MELLOR, *Le Plaisir de pensée* (1992), Paris, PUF, 2006, mais également et surtout au *Choix de la sublimation* précité. Dans ce dernier, il est question de la sublimation comme un véritable «choix» du sujet, pas seulement de l'artiste ou de l'écrivain, mais de tout un chacun. Ce livre repart du texte freudien pour dégager une théorie de la sublimation dépassant l'habituelle définition en termes de désexualisation du but et de valorisation de l'objet. Le *daimon* qui préside à nos choix, dans la joie intense de la certitude et la sensation d'un guide intérieur, serait probablement, selon l'auteur, celui aussi qui nous permet de rencontrer le plaisir dans nos activités sublimées. Par rapport au sport, Cf. également ses remarques (p. 192-193), qui confirment, par le biais d'autres raisonnements ou références théoriques, celles de Mme Agapart ou des études actuelles.

osmose. Son ouvrage,[104] qui est le condensé et l'abrégé d'une thèse de doctorat et qui est incontestablement novateur et éclairant, tant d'un point de vue strictement philosophique, que sous un angle plus large, historique et interdisciplinaire, vient incontestablement combler une lacune dans le domaine des interactions de la psychanalyse avec les sciences de l'éducation. La recherche historique entreprise par l'auteur et l'indispensable retour aux sources afin de les (ré)interroger, part, semble-t-il, du constat suivant : si les multiples formes d'alliance entre le domaine de l'éducation et celui de la psychanalyse semblent toujours contestées par les théoriciens des deux côtés,[105] qui s'efforcent de dénoncer le mélange des genres, les pratiques mixtes effectives rendent impossible tout séparatisme « de commande ». L'emprunt donc de modèles, auquel on fait tant appel aujourd'hui pour « légitimer» toute démarche de ce genre, n'a même pas besoin d'être évoqué, tant la pénétration réciproque des concepts et des pratiques semble « couler de source », sans rien enlever pour autant à leur imperméabilité et à leur spécificité irréductibles. Car dans ce cas précis, comme en criminologie ou en droit, c'est l'histoire de la psychanalyse elle-même qui vient nous éclairer, en révélant la dette du père fondateur envers les trois figures emblématiques du milieu de la pédagogie de son époque et leurs réponses, en symétrie, aux

[104] Danielle MILHAUD-CAPPE, *Freud et le Mouvement de pédagogie psychanalytique*, 1908-1937, Paris,Vrin, 2007.
[105] Cf. le titre antagoniste des deux ouvrages de référence sur la question, celui de C. Millot et de M. Cifali que l'auteur cite.

théories psychanalytiques naissantes. Loin donc d'avoir à faire à une psychanalyse « appliquée » après coup à la pédagogie, on découvre avec grand intérêt, en suivant la finesse de l'analyse, à la fois conceptuelle et historique, de l'auteur, l'influence des trois pionniers de ce mouvement sur la constitution et le développement de la psychanalyse elle-même, et inversement, l'impact de cette dernière sur leur pratique. Auguste Aichhorn (1878-1949), le thérapeute des jeunes délinquants, aux intuitions salvatrices, Hans Zulliger (1893-1965), l'instituteur suisse, ancré à la réalité de la *praxis* pédagogique, le pasteur Oskar Pfister enfin (1873-1956) qui nous aide à sortir de la confusion contemporaine entre le psychique et le spirituel, ces trois hommes d'exception « relèvent tout d'abord de deux centres culturels de déploiement : Vienne et Zurich, avec une inspiration qui sera plus religieuse là, plus socialiste ici. »[106] Mais malgré leurs divergences, et leur dialogue toujours empreint de critique avec Freud, l'auteur insiste sur la grande homogénéité de leurs vues et leur profond attachement à la « cause » freudienne, dus à leur appartenance commune à ce *Mouvement de pédagogie psychanalytique* (1908-1937) dont les travaux et les questionnements anticipent et éclairent d'une manière admirable ceux que connaît notre société contemporaine vis-vis de sa jeunesse.

---

[106] *Ibid*, p. 259

B. Le rôle fédérateur de la philosophie pénale

En continuité avec le chapitre précédent, mais dans une perspective tout aussi limitée, je vais tenter tout d'abord de donner rapidement les grandes lignes de l'ordonnance de 1945, qui a guidé et inspiré tous les professionnels, intervenants au sein de la protection judiciaire de la jeunesse, dans la période de l'après guerre jusqu'à aujourd'hui.

Ce qu'il faudrait rappeler dans un premier temps, c'est que l'ordonnance de 1945 a été animée d'une doctrine novatrice dans le sens où elle a institué une véritable justice des mineurs, en rupture avec le modèle précédent calqué sur celui de la justice des adultes. En mettant en avant la primauté de l'éducatif et de la protection de l'enfance en danger le législateur faisait preuve d'audace et d'un changement volontaire de paradigme. En rupture avec la conception aristotélicienne ou celle du droit romain qui considérait l'enfant comme la propriété de ses parents, cette nouvelle philosophie, qui ne remettait pas bien évidemment en question l'article 371 du code civil[107] opérait une véritable inversion des valeurs. Désormais, ce n'était plus les enfants qui avaient des devoirs envers les parents ou les adultes en général, mais c'était le monde adulte, selon une conception kantienne ou « rousseauiste », qui était « redevable » envers sa jeunesse. La délinquance

---

[107] « L'enfant, à tout âge, doit honneur et respect à ses père et mère. »

n'étant que le symptôme d'une « jeunesse à l'abandon », pour reprendre les termes d'Aichorn,[108] la responsabilité des adultes en vue d'une « réparation » et à cause d'une « dette » qui n'a pas été honorée, était entière. En termes toujours de rupture, cette ordonnance se situe en réalité dans la continuité d'une histoire qui, en 1906, fixe la majorité pénale à 18 ans, et de la loi de 1912 qui institue les tribunaux pour enfants. Les historiens comme Yvorel et Bourquin insistent sur le fait que les prémisses de cette ordonnance s'étendent de la fin du XIXe jusqu'à la première moitié du XXe siècle et on assiste en effet à une longue et « difficile émergence de la notion d'éducabilité du mineur délinquant .»[109] Du système carcéral classique, on va évoluer peu à peu vers des établissements pénitentiaires dans lesquels on tentera de faire valoir une notion d'éducation de l'enfant emprisonné. Ce sera le cas de la prison de la Petite Roquette (1836), puis des colonies pénitentiaires ou correctionnelles (1840-50).

A cette fin du XIXe où la création de l'école publique, obligatoire et gratuite pour tous est une avancée considérable, la société se sent de plus en plus responsable de l'éducation de ses enfants. C'est dans la loi de 1898, que le sénateur Bérenger associe pour la première fois les enfants victimes aux enfants

---

[108] Auguste AICHURN (1925), *Jeunes en souffrance, Lecques*, Les Editions du champ social, 2000.

[109] Jacques BOURQUIN, *Pages d'histoire. La protection judiciaire des mineurs, XIXe XXe siècles*, Vaucresson, RHEI, hors série, juin, 2007, p. 111.

coupables, aboutissant progressivement à la loi du 22 juillet 1912. Un des détracteurs de cette dernière, le député Drelon s'exclame:

« La loi n'est que l'aboutissement du principe que la peine ne doit plus être envisagée du point de vue de la défense sociale, mais surtout du point de vue du relèvement de l'individu coupable. »[110]

Il s'agit là d'un tournant et d'un changement de cap important, qui place le curseur sur l'éducabilité (ou la réinsertion si on parlait des adultes), avancée considérable et « civilisatrice » mais qui oublie les victimes ou la nécessité du maintien de l'ordre social.

Ce qui a opéré la véritable rupture de l'ordonnance de 1945, c'est une philosophie protectrice de l'enfance, basée elle-même sur une philosophie pénale alternative. Cette justice « protectionnelle » néologisme souvent employé à la place des adjectifs « protectrice » ou « protectionniste », met en avant la volonté de remplacer la punition par des mesures éducatives, qui affirment l'*éducabilité* des mineurs délinquants. Or cette notion est absente de ce texte, qui parle dès les premières lignes du préambule uniquement de *protection* de l'enfance.[111]

Le modèle thérapeutique, associé à cette conception utilitariste, qui va être mis progressivement en place, va considérer le mineur délinquant comme une victime des carences

---

[110] *Ibid*, p. 120.

[111] Pour une étude complète et actualisée de ces questions, je renvoie à l'ouvrage de Dominique YOUF, *Juger et éduquer les mineurs délinquants*, Paris, Dunod, 2009.

familiales ou éducatives, ce qui est d'ailleurs vrai. Or, les pédagogies d'inspiration psychanalytique ou systémique, outre le fait qu'elles ne peuvent être « appliquées » sans une relation éducative transférentielle durable,[112] elles ne constituent, selon Dominique Youf, qu'une pédagogie d'exception et sont surtout remarquables par leur *asocialité*.[113] Ces thérapies renvoient le jeune à son inconscient ou à sa famille, car les infractions ne sont considérées que comme des symptômes d'une carence dont le jeune est la première victime. La dimension sociale de la justice, ainsi que les victimes sont totalement oubliées. C'est pour cette raison que les propositions de la commission Varinard, que je ne vais pas reprendre en détail ici, bien entendu, refusent de considérer l'infraction uniquement comme un symptôme que le jeune ne maîtrise pas, comme la fièvre serait le symptôme de l'état grippal. Elles insistent pour qu'elle devienne ou qu'elle redevienne un acte posé par un sujet, qui en est l'auteur et qui doit en répondre. Or, la posture freudienne, telle que je l'ai explicitée dans les deux premières parties de cette étude, n'annule en aucun cas cette deuxième dimension. Si pour la psychanalyse, le désir, ou l'intention, quelle qu'elle soit, n'est pas coupable, par contre le sujet est responsable de ses actes. Selon Freud, j'y ai insisté, la psychologie individuelle n'a aucun sens en dehors de la psychologie sociale ou

---

[112] Ce qui est douteux dans le cadre du fonctionnement institutionnel actuel, qui n'est pas par ailleurs, il faut y insister, un lieu de thérapie.

[113] Cf. Dominique YOUF, *ibid.*, p. 84-86.

collective. L'articulation de l'individuel et du collectif, centrale dans ses écrits, pourrait constituer la base, sur un plan théorique, d'une saine et forte articulation entre le judiciaire et le psycho-éducatif qui n'a pas été effectuée.

Le seul risque que je pourrais entrevoir dans le tournant actuel, ce serait l'adoption totale d'un modèle comportementaliste, d'obédience anglosaxonne, aux antipodes du modèle psychanalytique. Ce modèle comportementaliste, que je distingue soigneusement de l'analyse comportementale, indispensable quand il s'agit de l'expertise criminelle, risque de viser des comportements extérieurs et leur substitution par d'autres comportements souhaités, ce qui favoriserait tout simplement le déplacement des symptômes. Tout un débat de société tourne autour de cette question et je ferais un parallèle avec l'étiologie par exemple de la dépression qui, selon une récente campagne publicitaire est désormais considérée comme une « maladie », au même titre que toute autre maladie organique : ce qui la vide de son essence existentielle. L'avènement des neurosciences et le développement prodigieux des sciences cognitives tendent, en effet, à supplanter complètement le modèle psychanalytique, qui insiste sur le sens des symptômes, différent pour chaque sujet, avant de s'intéresser à leur éradication. Les représentants du modèle psychanalytique gagneraient beaucoup, toutefois, s'ils saisissaient cette occasion inespérée pour une remise en question et une autocritique utiles.

Au terme de ce parcours enfin, le rôle de la philosophie pénale, qui est appelé à mon sens à jouer un rôle fédérateur dans ce dialogue entre droit et psychanalyse me semble particulièrement important.

Il convient de rappeler d'emblée ce sur quoi Stamatios Tzitzis insiste quand il met en avant le rôle unificateur de cette discipline, *au sein même du droit pénal*, car c'est ce rôle unificateur qui sera invoqué ici, mais autrement et dans une perspective *extra muros*.

La philosophie pénale, loin de se réduire à une réflexion philosophique sur le droit pénal ou sur la conception de la peine, présente la totalité de ce qui compose l'univers pénal, dans son apparence et dans sa profondeur. Il s'agit, d' « une philosophie première, qui transcende le niveau de la formalité juridique, pour pénétrer la dimension onto-axiologique du juste et dont l'esprit « unificateur », contrairement à la science juridique, n'opère aucune division entre logique, éthique et droit. »[114]

Cette « absence de distinction » n'est certes pas un mélange de genres ou une confusion de langues mais répond à la nécessité d'une posture intellectuelle qui privilégie la réflexion sur les fondements épistémologiques du droit pénal et ses soubassements originaires. Monsieur Tzitzis a admirablement montré combien les anciens privilégiaient cette unité et cette « absence de distinction » qui caractérisait l'homme « global » de

---

[114] Stamatios TZITZIS, *La Philosophie pénale*, Que sais-je, Paris, PUF, 1996, p. 9.

l'Antiquité, partie intégrante de la cité, qui était elle-même le reflet du cosmos et dont elle devait sauvegarder les lois et l'harmonie. Je vais m'appuyer sur la double conception aristotélicienne de châtiment, comme *timoria* et *kolasis* (la première profite à celui qui l'inflige et la seconde à celui qui la reçoit) pour illustrer cette unité et cette dialectique constamment éludée aujourd'hui.[115]

La séparation de la fonction rétributive et de la fonction utilitariste de la peine, à l'origine de tout « retour de balancier » dans nos sociétés modernes, n'avait aucun sens pour les anciens et ce que la Commission Varinard essaie de rétablir, c'est cette première unité salvatrice. La Commission est, me semble-il, implicitement aristotélicienne sur ce point, comme Monsieur Jourdain faisait de la prose sans le savoir. Précisons qu'Aristote ne manque pas de parler de l'enfant, dans le contexte de sa double notion du châtiment, en nommant *sophrosuné* (tempérance ou modération, selon les traducteurs) cette vertu qui se tient entre l'excès de l'*akolaste* (l'intempérant ou le déréglé) et le défaut de l'*anesthète* (l'insensible). Considérant le cas de l'*anesthète*, « très loin de la nature humaine »[116], il se penche sur celui de l'*akolaste*, considérant que ce dernier trouve sa meilleure figure dans l'enfant, qui n'a pas encore été éduqué, afin d'acquérir progressivement la raison, une fois arrivé à l'âge

---

[115] ARISTOTE, *Ethique à Nicomaque,* III, trad. J. Tricot, Paris,Vrin, 1983. Cf. aussi *Rhétorique*, 1.10.17, 1369b12-14.
[116] *Ethique à Nicomaque,* III, 14.

approprié. Si l'enfant est gâté, continue Aristote, si la correction ne l'« émonde »[117] pas *(kolazein)*, alors il sera sous l'empire d'une *epithumia* (désir) déréglée ou plutôt ici a-réglée puisqu' elle n'a jamais encore été « réglée ». De même, l'homme adulte *akolaste* voit sa raison déréglée, et même chassée, s'il n'y prend garde[118]. Aristote doute qu'on puisse porter remède à l'*akolaste*, du fait que ses principes d'action sont faussés, et que les principes ne s'apprennent pas: le *noûs* (mental ; intelligence) les perçoit ou ne les perçoit pas.[119] Quant au *sophron,* il ne naît pas non plus naturellement ainsi, mais il doit apprendre à trouver le juste milieu par des corrections successives qui jalonnent sa trajectoire. Pour se guider, il se sert des plaisirs et des peines comme indicateurs *(semeia)* et de plus, il (le *sophron*) trouve du plaisir dans l'exercice de la vertu.

La position aristotélicienne accorde donc une grande place à l'éducation car ces vertus ou dispositions, ne sont pas innées ; elles sont mises donc en relation avec une autre célèbre notion du Stagirite : celle de *hexis*.

---

[117] Le terme choisi est particulièrement pertinent. Rappelons cette citation de La Fontaine: « Qui, la serpe en main, de ses arbres en fruit retranchait l'inutile, ébranchait, émondait, ôtait ceci, cela, corrigeant partout la nature. » *Fables*, XII, 20.

[118] *Ibid.* III, 15.

[119] Ces considérations touchent manifestement au problème de la responsabilité et de l'éducabilité de l' « intempérant »: *Ibid,* VII, 9. Elles font écho, à la conviction, énoncée à plusieurs reprises par Michèle Agrapart-Delmas que la perversion, au moins dans une de ses formes, n'est pas une maladie mais un mode de fonctionnement.

Présente dans les *Catégories,* ce terme d'*hexis* désigne l'« habitude ». L'expression par ailleurs *hexis deutera physis esti* (l'habitude, c'est une deuxième nature) a survécu en grec moderne, ayant acquis une valeur proverbiale, qui insiste sur la force des habitudes, profondément ancrées, et la difficulté de se débarrasser de ces comportements qui sont devenus des automatismes.

Les choses sont cependant un peu plus complexes, et ce terme a été récupéré par ailleurs aujourd'hui par la sociologie dans sa version latine d'*habitus*. Mais je ne vais pas m'occuper de cet aspect des choses. Disons simplement que malgré son sens premier d'habitude, l'*hexis* ne doit pas être identifiée à une propriété indépassable car si les habitudes peuvent être puissantes et ancrées, elles ne s'inscrivent pas profondément dans les êtres. Car la connaissance authentique peut aider l'homme à acquérir de nouvelles habitudes liées à la vertu. Dans l'*Éthique à Nicomaque*, Aristote identifie justement la vertu morale à une *hexis*. Ce même terme est, en outre, débattu dans le *Théétète* de Platon. Socrate y défend l'idée que la connaissance ne peut pas être seulement une possession passagère, qu'elle se doit d'avoir le caractère d'une *hexis*, c'est-à-dire d'un avoir en rétention, qui n'est jamais passif, mais toujours participant. Une *hexis* est donc une condition active, ce qui est proche de la définition d'une vertu morale chez Aristote. Dans ce sens, attitudes ancrées et libre arbitre ne sont point antinomiques. La perspective aristotélicienne est enfin très éclairante, par rapport aux deux polarités exemplaires de la justice pénale, soit, celle du rétributivisme et de l'utilitarisme, et, en seconde part, celle du déontologisme et du conséquentialisme.

La philosophie d'Aristote ne se laisse pas facilement ranger dans une catégorie, holiste ou individualiste, jusnaturaliste ou utilitariste, mais puise au contraire dans chacune.

De la même manière, la philosophie pénale ne peut que revendiquer, d'une façon légitime, ce rôle fédérateur et unificateur qui permettra au dialogue interdisciplinaire, mais également aux forces sociales dans l'arène politique, de ne pas céder à des clivages, aussi stériles qu'insensés. Le retour de balancier qui secoue périodiquement la justice des mineurs par exemple (le choix du « tout éducatif » ou celui du « tout répressif ») n'est que la conséquence d'une unité brisée, et d'une dialectique naturelle ignorée. De même, la peine n'est pas le contraire de la réinsertion mais son fondement. La psychologie, que ce soit dans sa version expérimentale, qui ne m'a pas préoccupée ici, mais qui a son rôle à jouer ou sa version dite « humaniste », pour se référer à Daniel Lagache et son ouvrage classique « L'Unité de la psychologie » peuvent certes donner un avis éclairé, appuyé sur leurs méthodes respectives. La psychanalyse serait en outre parfaitement en mesure de dialoguer d'une manière féconde avec toutes ces traditions. Mais la philosophie pénale, et c'est avec ces mots que je souhaiterais clore ce travail qui n'est qu'une ébauche,[120] forte de son ancrage dans un passé qui se perd dans la nuit des temps, peut certainement harmoniser les conflits, les dialectiser et devenir le chef d'orchestre d'une symphonie où chaque instrument conceptuel et chaque idée politique aura sa place particulière et non « substituable » à une autre.

---

[120] Travail, il est vrai, ambitieux par rapport à son programme, mais extrêmement limité et humble dans ses résultats. Je ne peux dans ce sens que souhaiter sa continuation et son prolongement ultérieur.

Conclusion

Au terme de ce parcours bref, mais condensé, un bilan s'impose. Bilan qui est effectué sous le signe de l'« inachèvement », qui en psychanalyse ne désigne pas tant l'imparfait et l'incomplet, mais l'ouverture et la nécessaire reprise, après coup, d'un système cohérent et relativement fini.

Ma première partie, située dans le cadre de l'histoire des idées, peut s'apparenter à un état des lieux indispensable. Ce nécessaire travail de fourmi, qu'on a tendance à assimiler à tort à un inventaire exempt de choix critiques (tandis que rien n'est plus critique qu'un inventaire digne de ce nom) a eu comme objectif de faire l' « histoire de la question » avec tout ce que cela comporte de risques et de dérives théorisantes. Le chercheur, fait nécessairement un travail d'historien, avant toute chose, en effectuant un travail d'assemblage, qui est à la fois groupement et juxtaposition, emboîtement et ajustage, superposition et montage, d'éléments pas toujours homogènes. La mosaïque créée est pourtant maintenue ensemble par la pénétration réciproque et le dialogue constant entre concepts, courants et idées et par la présence de personnages qui marquent du sceau de leur personnalité ces débats sans fin. Cette entreprise n'a réussi que partiellement à rendre compte de son objet. Ce qui en résulte témoigne pourtant de la grande richesse de la relation entre droit et psychanalyse, au carrefour des disciplines comme la criminologie, l'histoire et les sciences politiques.

Loin d'épuiser le sujet, ces considérations ne font qu'insister sur ce qui reste encore inexploré quant à une relation complexe, qu'on serait tenté de qualifier d'« illégitime », mais dont j'ai essayé de démontrer autant la fécondité que les limites. Si l'articulation de l'individuel et du collectif qui est à l'œuvre dans des disciplines comme le droit ou les sciences politiques est une constante dans l'œuvre freudienne, la méthode analogique par contre entre processus psychiques individuels et collectifs, qui constitue une problématique différente, n'a pas trouvé un écho favorable. Son lamarckisme affiché, concernant la transmission des traces mnésiques dans les masses y a certes contribué, mais il n'empêche que l'histoire des idées n'en sort qu'enrichie et que les dimensions métapsychologiques, sociologiques et politiques de cette partie de l'œuvre freudienne restent encore à exploiter.

Ces regards croisés, sur fond d'une exigence de vérité et d'un respect du phénomène mémoriel, individuel et collectif, nous invitent à regarder plus loin et à transcender les clivages disciplinaires en vue d'un projet commun. La relation de Freud lui-même avec le droit ou la criminologie était certes complexe, mais naturelle et sans heurts inutiles car consciente de la nécessité d'une collaboration mais aussi d'une distinction des domaines et d'un respect mutuel des savoirs.

Je tiens à préciser pourtant que je ne préconise ma propre relation à un auteur classique comme

Freud, tantôt sacralisé et idolâtré, tantôt rejeté et banni en bloc, que comme la possibilité de découvrir son originalité « par petites touches » sans adhérer nécessairement à un quelconque « freudisme » et à ses dogmes. Au moment même où les polémiques remplissent à nouveau les rubriques de l'actualité culturelle et scientifique (*Livre Noir de la psychanalyse*, révisionnismes, confrontation avec les dernières avancées des neurosciences et des comportementalistes, polémiques autour des thèses récentes de Michel Onfray), cette attitude ne peut que nous offrir une véritable bouffée d'oxygène. Je ne peux, comme Yvon Brès, que me positionner parmi ceux qui continuent à s'inspirer de la psychanalyse ou à avoir recours à elle, « sans pour autant adhérer à quelque philosophie ou vision du monde psychanalytique comme c'était le cas il y a trente ans. »[121]

De ces réflexions, je désire, comme Yvon Brès, tirer tout simplement « une leçon de prudence et de bon sens ».[122]

Le foisonnement des questionnements suscités par ces deux premières parties ont nécessité le choix et l'étude approfondie de quelques questions fondamentales, comme celles soulevées par la notion de crise. Pour cela, j'ai dû faire appel d'une façon sélective à d'autres notions. Le concept de sublimation m'a servi en fait d' « opérateur » pour penser la question du conflit ou de l'agressivité. Ma

---

[121] Yvon BRES, *Freud...en liberté*, Paris, Ellipses, 2006, p. 8.
[122] *Ibid.*, p. 39.

troisième partie s'est donc construite à partir d'une réflexion « à petites touches » accompagnée toujours par le discours philosophique, discours qui a joué un rôle fédérateur et conciliant. Ces réflexions thématiques et centrées, qui se sont déployées au fil des pages, illustrent et confirment en quelque sorte la complexité épistémologique, méthodologique et surtout clinique dont la première et la deuxième partie faisaient preuve. L'histoire des notions et des mots a été instructive et éclairante. Car j'ai délibérément choisi, à l'encontre de ce qui se passe le plus souvent en droit, de privilégier les origines et de rester au seuil de notre actualité, mais qui est éclairée nécessairement par ce passé, sans que j'intervienne d'une manière très étendue et exhaustive. Voici donc de quelle façon l'histoire des idées et des considérations théoriques rejoignent les débats les plus brûlants et hypermédiatisés de notre actualité.

Ce qui est surtout en jeu dans cette troisième partie, c'est le décloisonnement des discours revendiqué par la postmodernité mais qui est appelé à rejoindre l'unité des savoirs des anciens. Les fameux emprunts de modèles qui ont inspiré et accompagné ce travail en témoignent. C'est enfin les questionnements sur ces présupposés épistémologiques qui ont inauguré ma réflexion que je retrouve également à la fin de mon parcours, concernant l'avenir de la justice pénale des mineurs. Ces considérations ont été rendues possibles à partir de tout ce que ma recherche du côté de la psychanalyse m'a apportée et ouverte à tous mes développements ultérieurs.

BIBLIOGRAPHIE

Œuvres et écrits de Sigmund Freud

Ici sont classés, à part, et dans l'ordre chronologique, les œuvres et écrits de Sigmund Freud consultés et cités, en mentionnant uniquement l'édition utilisée. Si j'ai eu besoin de recourir au texte allemand pour vérifier un terme, je donne également la référence des *Gesammelte Werke* (*GW*). J'indique aussi toujours la date de la première publication en allemand. Les lettres qui suivent renvoient aux publications de la même année, selon l'usage en vigueur des bibliographes freudiens. (Voir, à ce sujet, le *Dictionnaire International de la psychanalyse*, sous la dir. d'Alain de Mijolla, t. 2, Calmann Lévy, 2002, p. 1877-1886.) Le lecteur pourra ainsi se repérer facilement par rapport aux *Gesammelte Werke*, la *Standard Edition* ou les *Œuvres Complètes de Freud*, *Psychanalyse* (*OCF.P*).

[1898b], « Sur le mécanisme psychique de l'oubli », *Résultats, idées, problèmes*, tome 1, Paris, PUF, 1984.

[1900a], *L'Interprétation des rêves*, Paris, PUF, 1987.

[1905-06], « Personnages psychopathiques à la scène » (1942), Résultats, idées, problèmes, tome 1, Paris, PUF, 1984, p. 123-129.

[1905d], *Trois Essais sur la théorie sexuelle*, Paris, Gallimard, 1987.

[1906c], « L'établissement des faits par voie diagnostique et la psychanalyse », *L'Inquiétante Étrangeté et autres essais*, Paris, Gallimard, 1985.

[1908d], « La morale sexuelle civilisée et la maladie nerveuse des temps modernes », *La Vie sexuelle*, p. 28-46, Paris, PUF, 1989.

[1909c], « Le roman familial des névrosés », *Névrose, psychose et perversion,* [1973], Paris, P.U.F, 1992, 157-160.

[1909d], « Remarques sur un cas de névrose obsessionnelle, (L'homme aux rats) », *Cinq psychanalyses,* [1954], Paris, P.U.F, 1990.

(1911c [1910]), « Remarques psychanalytiques sur un cas de paranoïa (dementia paranoïdes) décrit sous forme autobiographique», *OCF.P*, X, p. 225-304.

[1912-13a], *Totem et tabou*, *OCF.P*, XI, p. 189-386.

[1913j], « L'intérêt de la psychanalyse », *Résultats, Idées, Problèmes,* I, trad. P.-L. Assoun, Paris, PUF, 1984.

[1914g], « Remémoration, répétition et perlaboration », *La Technique psychanalytique*, Paris, PUF, 1972.

[1915b], « Actuelles sur la guerre et la mort », *OCF.P*, XIII, p. 127-155

[1916d], « Les criminels par sentiment de culpabilité », *Quelques types de caractère tirés du travail psychanalytique, OCF.P.*, XV, p. 13-40.

(1916-17a[1915-17]) *Vorlesungen zur Einfürug in die Psychoanalyse, G.W.* XI, « Leçons d'introduction à la psychanalyse », OCF.P, XIV, p. 1-516.

(1917e[1915]), « Deuil et mélancolie », *Métapsychologie*, Paris, Gallimard, 1968.

(1918b[1914], « Extrait de l'histoire d'une névrose infantile » (l'homme aux loups), , *Cinq psychanalyses*, Paris, PUF, 1970.

[1919h], *L'Inquiétante Étrangeté et autres essais,* Paris, Gallimard, 1990

[1921c], « Psychologie des masses et analyse du Moi », *OCF.P*, XVI, p. 1-84

(1923d[1922], « Une névrose diabolique au XVIIe siècle » *OCF.P*, XVI, p. 213-250

[1925d], « Autoprésentation », *OCF.P*, XVII, p. 51-122.

[1927c], *L'Avenir d'une illusion,* Paris, PUF, 1973

1928b[1927], « Dostoïevski et la mise à mort du père », *OCF.P*, XVIII, p. 205-226.

(1930a[1929]), « Le Malaise dans la culture », *OCF.P*, XVIII, p.245-333.

[1931d], « l'expertise de la faculté au procès Halsmann », *OCF.P*, XIX, p. 39-44.

(1933b[1932], « Pourquoi la guerre ? », *OCF.P*, XIX, p. 61-82

[1937d], « Constructions dans l'analyse », *Résultats, Idées, Problèmes*, t.2, Paris, PUF, 1985

(1939a[1934-38]), *L'Homme Moïse et la religion monothéïste*, Paris, Gallimard, 1986

(1950a[1887-1902], *La Naissance de la psychanalyse, Lettres à Fliess, Notes et plans,* Paris, Gallimard, 1975.

[1965a], *Correspondance 1907-1926*, Paris, Gallimard, 1969.

(1066b[1938]), S. Freud et W.C. Bullit, « Thomas Woodrow Wilson », *OCF.P*, XVIII, p. 361-372.

[1971a], *L'Introduction de la psychanalyse aux Etats-Unis. Autour de J.J. Putman,* Paris, Gallimard, 1971.

[1976a], *Les premiers psychanalystes, Minutes de la société psychanalytique de* Vienne, 4 tomes, Paris, Gallimard, 1976.

1985a [1915], « Vue d'ensemble des névroses de transfert », *OCF.P*, XIII, p. 281-302.

Bibliographie générale

Nous classons la bibliographie générale par nom d'auteur et dans l'ordre chronologique inverse pour un même auteur. La date de la première édition, si une édition plus récente a été consultée, est mise entre parenthèses après le nom de l'auteur. Pour les textes collectifs, le nom le mieux placé dans l'alphabet sert de référence. Nous utilisons les conventions traditionnelles et les quelques sigles ou abréviations sont très usuels (P.U.F., etc.).

AGRAPART-DELMAS M., (2001) *De l'expertise criminelle au profilage*, Paris, Favre, 2005, p. 150-153.

AGRAPART-DELMAS M., « Violence, agressivité et sentiment d'insécurité », *Personne et Responsabilité, Essais de philosophie pénale et de criminologie*, N° 3, 2001, p. 99-104.

AICHURN A., (1925), *Jeunes en souffrance, Lecques*, Les Editions du champ social, 2000.

AIRUT J.-P., « Droit et mœurs : sur le concept oublié et oublieux de légitimité » in *La Mémoire, entre silence et oubli*, sous la dir. de S. Tzitzis, Québec, Les Presses de l'Université Laval, coll. intersophia, 2006, p. 376-454.

ANZIEU D., *L'Autoanalyse de Freud et la découverte de la psychanalyse*, 2 vol., Paris, PUF, 1975 ; 3e édition, Paris, P.U.F., 1988.

ARISTOTE, (4ème s. avant J.-C) *Ethique à Nicomaque,* trad. J. Tricot, Paris,Vrin, 1983.

ARISTOTE, (4ème s. avant J.-C) *Rhétorique*, trad. M. Dufour, Paris, Les Belles Lettres, 2003.

ASSOUN P.-L., *Le Vocabulaire de Freud*, Paris, Ellipses, 2002.

ASSOUN P.-L., « *Pater incertus, mater incognita* », in *Vérité scientifique, vérité psychique et droit de la filiation*, sous la dir. de Lucette KHAÏAT, actes du colloque de l'IRCID-CNRS, des 9, 10, 11 février 1995, Toulouse, Erès, 1995.

ASSOUN P.-L., *Le Freudisme*, Paris, PUF, coll. « Que sais-je ? », 1990.

ASSOUN P.-L., « Freudisme et indifférentisme politique - objet de l'idéal et objet de la démocratie » in *Hermes*, 5-6, Editions du CNRS, 1990, p. 345-360.

ASSOUN P.-L., *L'École de Francfort*, Paris, PUF, coll. « Que sais-je ? », 1987.

AULAGNIER P., *Les destins du plaisir. Aliénation, amour, passion*. Paris, PUF, 1979.

BOURQUIN J., *Pages d'histoire. La protection judiciaire des mineurs, XIXe XXe siècles,* Vaucresson, RHEI, hors série, juin, 2007.

CARROY J., OHAYON A., PLAS R., *Histoire de la psychologie en France*, Paris, la découverte, 2006.

CHRISTOPOULOU V.-P., «Histoire des relations entre criminologie et psychanalyse », *Essais de Philosophie pénale et de criminologie,* vol. 8, 2009, p. 159-166.

CHRISTOPOULOU V.-P., « Direito e psicanalise : uma relaçao ''ilegitima'' ?, in *Psicologia USP*, Sao Paolo ; juillet-sept. 2007, 18 (3), p. 91-111.

CHRISTOPOULOU V.-P., « La question de la vérité historique a-t-elle une forme spécifique en histoire de la psychanalyse? »*Topique*, 2007, 98, p. 49-61.

CHRISTOPOULOU V.-P., *La Vérité en Histoire et en Psychanalyse : convergences et diverges*. Thèse de doctorat, sous la dir. de Mme Sophie de Mijolla-Mellor, soutenue à l'Université Paris 7 Denis Diderot, le 10 déc. 2005.

DRAI R., « Droit et psychanalyse », *Dictionnaire de la culture juridique*, sous la dir. de Denis Alland et Stéphane Rials, P.U.F., Lamy, coll. Quadrige, Paris, 2003.

DRAI R., *« Le plus grand mensonge du monde ». Théorie juridique et théorie psychanalytique*, Paris, Hermann éditeurs, 2010.

GIDE C., *Cours d'économie politique*, t. I, Paris, Librairie de la Société du Recueil Sirey, 5e éd., 1919, p. 219.

GOUREWITCH P., « The Memory thief », *The New Yorker*, 4 juin, 1999, p. 51-52.

JANIN C., « Psychanalyse, histoire, temps: questions de méthodes », in *Construire l'Histoire, Monographies de la Revue française de Psychanalyse*, PUF, Paris, 1998, p. 158.

JONES E., *La Vie et l'oeuvre de Sigmund Freud*, Paris, PUF, 1969-1970, t. II, p. 414.

KORFF-SAUSSE S., « La mémoire en partage », *Revue française de psychanalyse*, janvier 2000, p. 97.

LA FONTAINE, (1668-1694) *Fables*, XII, 20, Paris, Le livre de poche, 2003.

LAPLANCHE J., et PONTALIS J.-B., *Vocabulaire de la psychanalyse*, Paris, P.U.F., 1967.

LE RIDER J., (1990) *Modernité viennoise et crises de l'identité*, Paris, PUF, 1994.

LE RIDER J., *Le cas Otto Weininger. Racines de l'antiféminisme et de l'antisémitisme*, Paris, PUF, 1982.

L'Herne, « Karl Kraus », numéro spécial, 1975.

LOREAU N. *La cité divisée. L'oubli dans la mémoire d'Athènes*, Paris, Payot, 1997.

MAITRE J., *L'Orpheline de la Bérésina, Thérèse de Lisieux (1873-1897), Essai de psychanalyse socio-historique*, Paris, Les éditions du Cerf, 1995.

MASSON J.-M., *The Assault on truth,* (1984), New Work, Farrar, Straus & Giroux ; trad. française, *Le reel escamoté*, Paris, Aubier Montaigne, 1985.

MICHEELS L.-J., *Docteur 117641 : une mémoire de l'holocauste*, trad. française de Catherine Wieder, Paris, Les Belles Lettres, 1990.

MIJOLLA-MELLOR S. de, *Le Choix de la sublimation*, Paris, PUF, 2009.

MIJOLLA-MELLOR S. de, (1992) *Le Plaisir de pensée*, Paris, PUF, 2006.

MIJOLLA-MELLOR, S. de, « La recherche en psychanalyse à l'université », *Recherches en psychanalyse*, N° 1, 2004, p. 27-47

MIJOLLA-MELLOR S. de, articles : « aliénation », « psychanalyse appliquée/interactions de la psychanalyse », «criminologie et psychanalyse », in *Dictionnaire international de la psychanalyse*, sous la dir. d'Alain de Mijolla, Paris, Calmann-Lévy, 2002.

MILHAUD-CAPPE D., Freud et le Mouvement de pédagogie psychanalytique, 1908-1937, Paris, Vrin, 2007.

MOUTSOPOULOS E., « L'Histoire comme tradition : acceptation et dépassement », *Actes du XVIIe Congrès des Sociétés de Philosophie de Langue Française*, Abidjan, 1977, p.141-143.

PLON M., « la psychanalyse dans son temps », *Raisons politiques*, 25, 2007, p. 89-99.

PORGE E., *Vol d'idées ?*, Paris, Denoël, 1994.

PORTE M., *Pulsions et politique. Une relecture de l'événement psychique collectif à partir de l'œuvre de Freud*, Paris, L'Harmattan, 1998.

RICOEUR P., *La Mémoire, l'histoire, l'oubli,* Paris, Le Seuil, 2000.

ROBIN R., « entre histoire et mémoire », in *L'Histoire entre mémoire et épistémologie. Autour de Paul Ricœur*, Jacques Scherrer éditeur, Editions Payot Lausanne, Nadir s.a., 2005.

ROUDINESCO E., et PLON M., «Psychologie des masses et analyse du moi» *Dictionnaire de la Psychanalyse,* Paris, Fayard, 1997.

REIK Th., (1958) *Le Besoin d'avouer. Psychanalyse du crime et du châtiment*, Paris, Payot, 1977.

TRAPET M.-A., et TRAPET M.-D., « Freud, théoricien du désaveu de paternité », *Topique*, 70, 1999, p.49-59.

TRAPET M.-D., «Droit et psychanalyse», *Dictionnaire international de la psychanalyse*, sous la direction d'Alain de Mijolla, Paris, Calmann-Lévy, 2002, p. 477.

SCHORSKE C. E., (1961) *Vienne, Fin-de-siècle,* Paris, Le Seuil, 1983

STERN A.-L., *Le Savoir déporté. Camps, Histoire, Psychanalyse*, Paris, Seuil, 2004.

TODOROF T., *Les abus de la mémoire*, Paris, Arléa, 1995.

TZITZIS S., *La Philosophie pénale,* Que sais-je, Paris, PUF, 1996.

TZITZIS S., (dir.), *La Mémoire, entre silence et oubli*, Québec, Les Presses de l'Université de Laval, coll. Intersophia, 2006.

Topique, N° 70, 1999.

YERUSHALMI Y. H., *Usages de l'oubli*, Paris, éd. du Seuil, 1988.

YOUF D., *Juger et éduquer les mineurs délinquants*, Paris, Dunod, 2009.

Autres ouvrages juridiques parus aux éditions
BUENOS BOOKS INTERNATIONAL
WWW.BUENOSBOOKS.FR

ISBN: 9782915495386
Les Grandes Questions de La Philosophie Pénale, Stamatios Tzitzis

ISBN: 9782915495553
Le Citoyen, l'Ethique, la Sanction, De l'évolutionnisme social à l'humanisme pénal, Stamatios Tzitzis

ISBN: 978-2-915495-66-9
Droit Et Valeur Humaine, L'autre dans la philosophie du droit, de la Grèce antique à l'époque moderne, Stamatios Tzitzis

ISBN : 9782915495171
L'Obsolescence Du Droit D'Auteur Et de Sa Philosophie, Anna Mancini

ISBN: 9782915495102
Justice Et Internet, Une Philosophie Du Droit Pour Le Monde Virtuel, Anna Mancini

ISBN: 9782915495164,
L'Obsolescence Du Droit Mondial Des Inventions, Anna Mancini

ISBN: 9782915495058
Les Solutions de L'Ancien Droit Romain Aux problèmes Juridiques Modernes, l'exemple du droit des brevets d'invention, Anna Mancini

ISBN: 9782915495287
Maat, La Philosophie de La Justice de L'Ancienne Egypte, Anna Mancini

ISBN: 9782915495478
La Personnalité Juridique Dans L'Oeuvre de Raymond Saleilles, Synthèse de L'Ouvrage de La Personnalité Juridique, Anna Mancini

ISBN: 978-2-915495- 67-6
Marxisme Et Philosophie Du Droit, Le cas Pasukanis, Bjarne MELKEVIK

ISBN: 9782915495690
Traité de Droit Constitutionnel, Constitution universelle et mondialisation des valeurs fondamentales, Paulo FERREIRA DA CUNHA,

ISBN: 978-2-915495-70-6
La médiation pénale, une source d'humanisation de la justice, France GROU-RADENEZ

AUTRES PUBLICATIONS DES EDITIONS
BUENOS BOOKS INTERNATIONAL
WWW.BUENOSBOOKS.FR

ISBN: 9782915495430
Les Embruns de Kos, (poésie) Tzitzis, Stamatios

ISBN : 9782915495423
L'Oracle, Pièce de Théatre, Drame Symbolique Inspiré de La Tragédie Grecque, Tzitzis, Stamatios

ISBN : 9782915495515
Les Rêves et Les Moyens de les Diriger, Hervey de Saint Denys

ISBN: 978291549556-0
Recueil de Documents Relatifs à La Lévitation Du Corps Humain (suspension magnétique - 1897), Albert de Rochas d'Aiglun

ISBN: 978291549559-1
Les États profonds de l'hypnose, Albert de Rochas d'Aiglun

ISBN: 978291549560-7
LES ETATS SUPERFICIELS DE L'HYPNOSE (1893), Albert de Rochas d'Aiglun

@

ISBN: 978291549556-0
Recueil De Documents Relatifs A La Lévitation Du Corps Humain (suspension magnétique - 1897), Albert de Rochas d'Aiglun

ISBN: 978291549554-6
La Matière Brute Et La Matiere Vivante, Etude Sur L'origine de La Vie et de la Mort (1887), Joseph Delboeuf

ISBN: 978291549562-1
Comment percer les secrets, énigmes et mystères de l'ancienne Egypte et d'autres anciennes civilisations, Anna Mancini

ISBN: 978291549557-7
Magnétiseurs Et Médecins, Joseph Delboeuf

ISBN: 9782915495362
Créativité Scientifique, Informations Utiles pour les Etudiants, Les Chercheurs et Les Laboratoires de Recherche, Anna Mancini

ISBN: 9782915495270
Saintes Pilules, Petites Histoires Satiriques et Humoristiques à Propos de Nos Croyances Scientifiques et Médicales, Eva Lavie

ISBN: 9782915495232
Poésie de La Vie, (poésie) Eva Lavie

ISBN: 9782915495492
La Signification Des Rêves, Anna Mancini

ISBN: 978291549563-8
Paris Bio et Végétarien, Laure Goldbright

ISBN : 978-2-915495-71-3
La Meilleure Histoire Anti-Grippe, Laure Goldbright

ISBN : 978-2-915495-58-4
La foi qui guérit, Jean-Martin CHARCOT

www.ingramcontent.com/pod-product-compliance
Lightning Source LLC
LaVergne TN
LVHW091010080826
845145LV00003B/1207

* 9 7 8 2 9 1 5 4 9 5 7 8 2 *